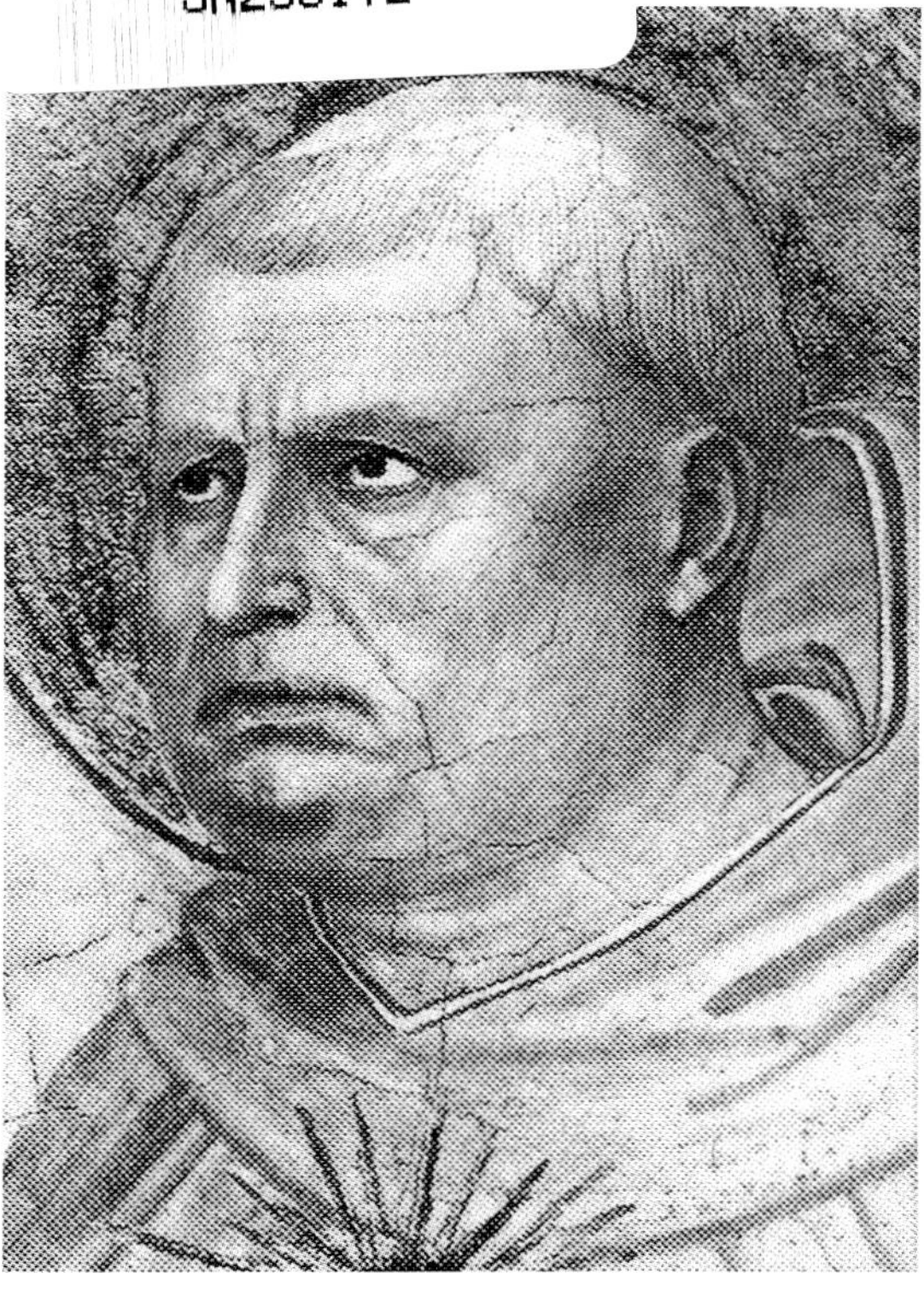

トマス=アクィナス

トマス＝アクィナス

・人と思想

稲垣 良典 著

114

CenturyBooks 清水書院

まえがき

「人と思想」シリーズの一冊としてトマス＝アクィナスについて書くように勧められたとき、最初に私が企てたのは、トマス自身の言葉でかれの生涯を物語り、そこで同時にかれの思想の展開もたどることができるような書物を編《あ》む、ということであった。トマスの生涯を古い文書資料をたよりに、外面的な出来事を中心に語ろうとすればごく簡単な記述で事は終わるし、それではかれの思想的あるいは精神的発展に光をあてることはできない。とはいっても、トマスはアウグスティヌスの『告白』のような著作は書いていないし、肉親や親しい友人に宛てて折々の思いをのべるような書翰《しょかん》も書かなかったようであり、書いたとしても一つも残っていない。そこで、かれの多くの著作のなかから、トマスその人の生《なま》の声がひびき、思想の発展をうかがい知ることができるような箇所をえらび、年代順に配列することによって、「トマス――その人と思想」が生き生きと浮び上がってくるような書物に仕上げたい、と考えたのである。

しかし、実際にこの計画を実行に移そうと試みて、それが予想以上に困難であることがわかった。たしかに、約二〇年におよぶ著作期間に生みだされた作品から、様々の主題に関して、あきらかな思想の発展・成熟が読みとれるような箇所をえらびだすことは困難ではないが、そのようなテクストを集めた書物はあまりに専門的で、トマスの人と思想へのガイドとしてはふさわしくないと思われた。それで、次善の策としてトマスの同時代人によって書かれたいくつかの伝記、古い文書資料にもとづいてその生涯をたどりながら、かれの著作からの引用によってそれを補う、という方法をとることにした。しかし、できるかぎりトマス自身にかれ自身の言葉でかれが生きた生と探求の歩みを語らせたい、という最初の意図は放棄しなかった。それがこの書物の存在理由であろう、と考えたからである。いうまでもなく、実際にでき上がったものが意図されたものの遙か手前にとどまっていることは私自身が一番よく承知している。読者が本書のなかで、ほかのトマス入門書からは聞こえてこなかった、トマスその人の生の声を――たとえわずかなりとも――聞きとってくださるならば、私の望みはかなえられたことになる。

トマスの著作を読みだしてから四〇年以上たったが、最近一〇年ほどスコトゥスやオッカムを中心にトマス以後のスコラ学の展開を研究して、近代および現代の思想がどれほどオッカムによって遂行された哲学的変革（とくに認識理論における）の影響下にあるかがわかり、それにともなってオッカムの向こう側のトマスがふたたび「未知の国」terra incognita になってしまったような感じにとりつかれた。数知れぬほどの註解書や研究書、それに入門書が書かれ、いわばそれだけの数の地図や旅行記、案内書が入手できるトマスを未知の国にたとえるのは奇異な感じを与えるかもしれないが、すくなくとも私には「未知の国」という言葉はいささかも誇張であるとは思われない。むしろ、われわれが慣れ親しんだ国とはそれほど異質の国であればこそ、オッカムまでさかのぼる「新しい道」（via moderna つまり近代思想）を真に克服するためには、あらためて未知の国・トマスへの旅を試みることが必要とされているのではないか。私が本書で、通説では諸々の制度――封建制度、カトリック教会、スコラ学、そしていわゆるトミズム（トマスの神学・哲学的立場）、など――の代弁者に仕立てあげられているトマスに、何かの代弁者としてではなく、かれ自身のためにかれ自身の言葉で語らせようと企てたのも、読者の心のうちにトマスへの旅を試みようという気持ちが起こることを願ってのことであった。

目次

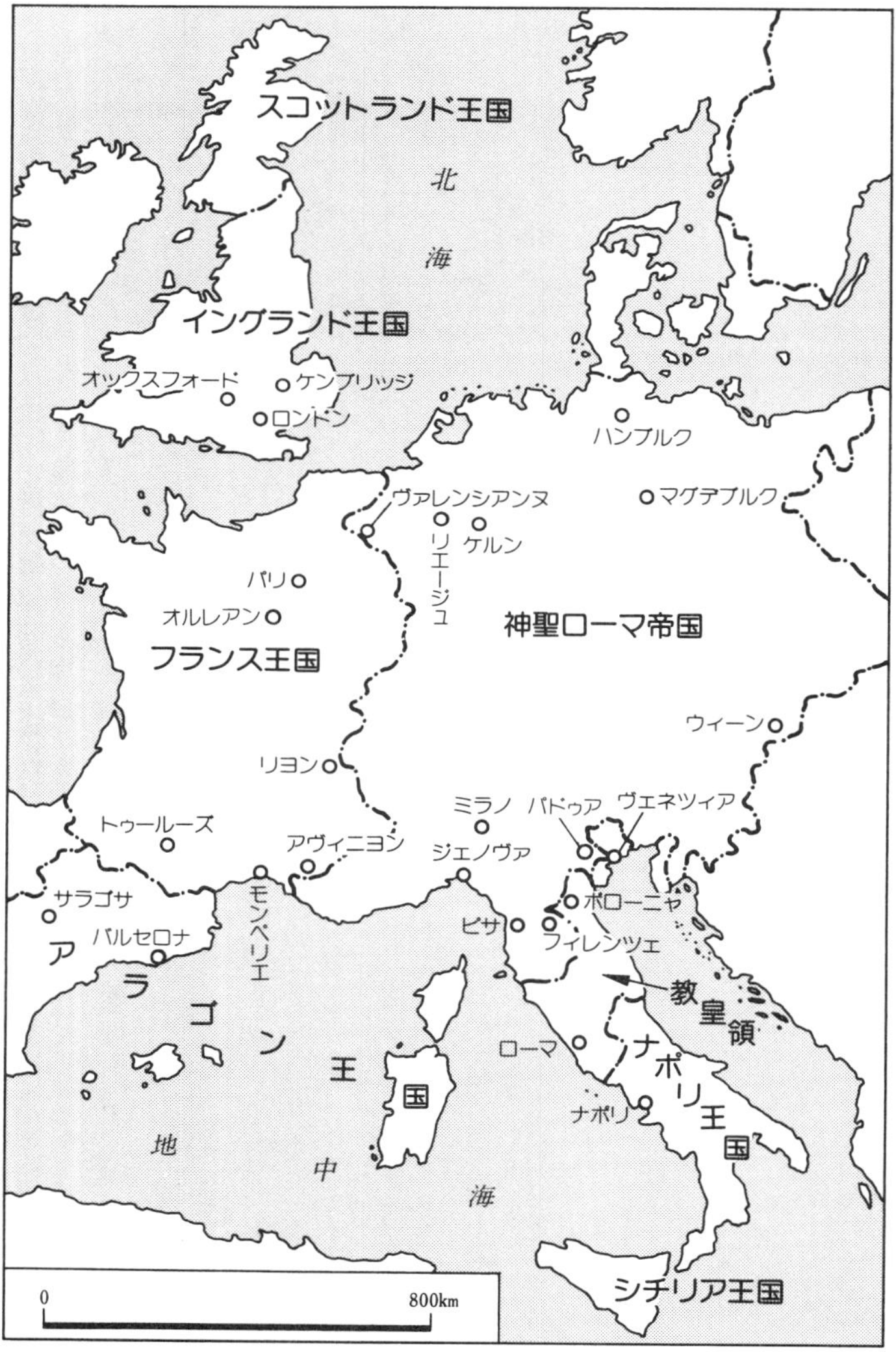

トマス＝アクィナス関係地図(2)

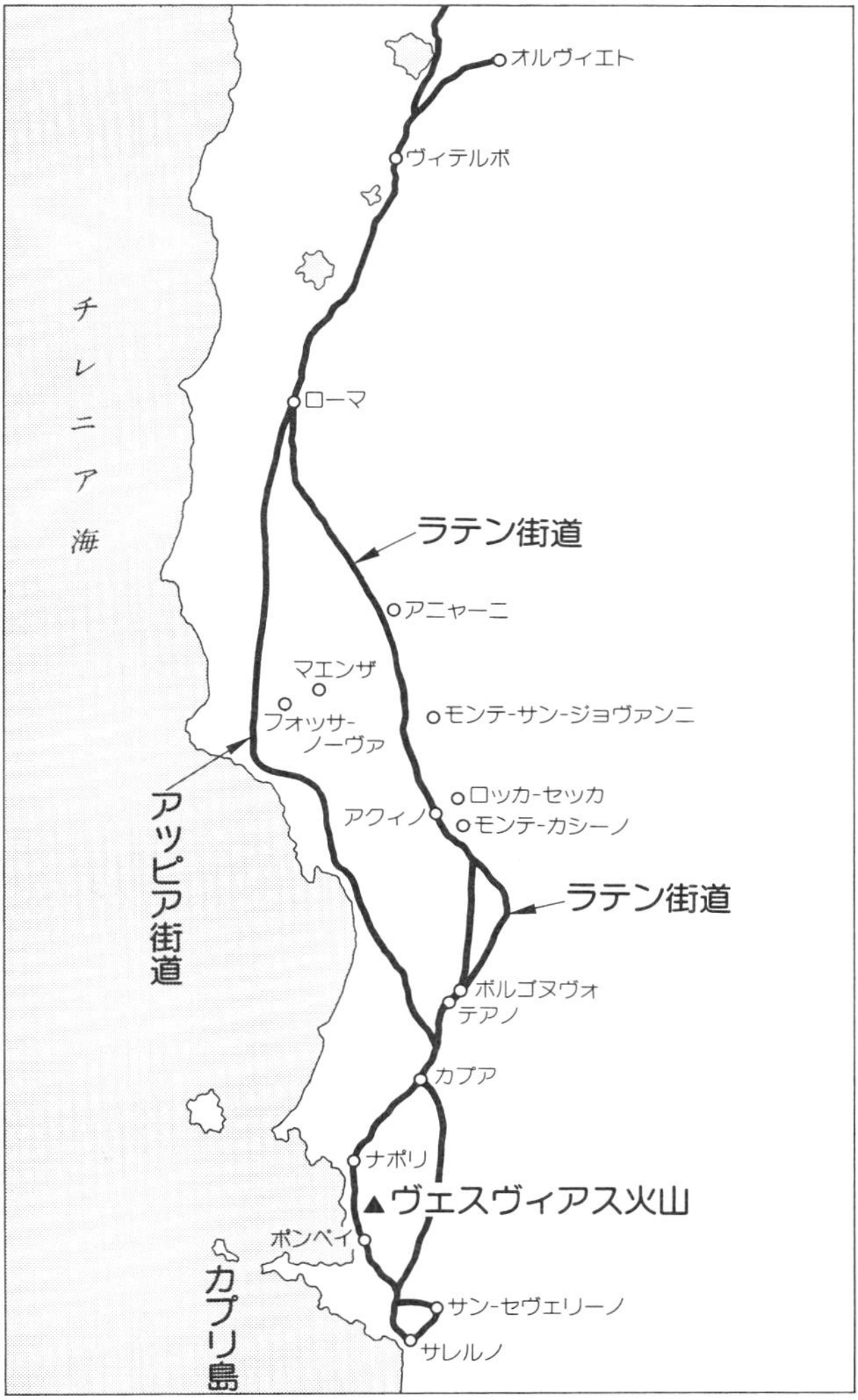

トマス＝アクィナス関係地図(1)

I　幼少年時代

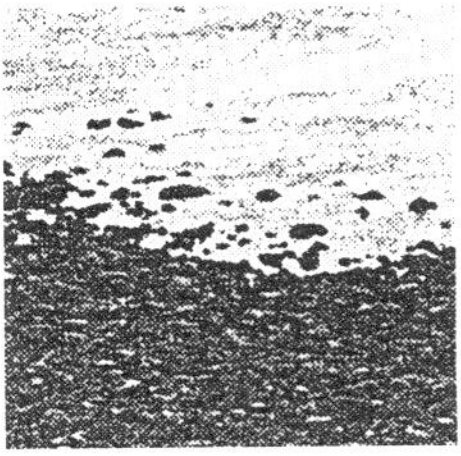

山城と修道院

父と母

アクィノのトマス——今日普通に用いられるトマス＝アクィナス（Thomas Aquinas）という呼び名はルネサンス風ラテン語に由来する——が生まれたのはローマとナポリのほぼ中間、アクィノの町の近くのロッカ＝セッカ（「乾いた岩」）に築かれた山城《やまじろ》であった。城主であるかれの父親ランドルフォは、シチリア王国とローマ教皇領という二つの勢力——いいかえるとダンテやシェイクスピアの作品でおなじみの皇帝派《ギベリン》と教皇派《ゲルフ》——が激突する地点にあった所領を、シチリア王国の国王をかねていた神聖ローマ帝国皇帝フリードリッヒ二世（在位一二一五〜五〇）の側につきつつ、数々の危機をきりぬけて守りぬいた武将である。トマスとほぼ同時代に属する二人の伝記作家ギレルムス＝デ＝トッコとベルナルドゥス＝グイドニスが揃って「伯爵の高貴な一門、アクィノ家に、シチリアの王国において生まれた」と記しているため、かつてはM＝グラープマンはじめ、ランドルフォはアクィノ伯爵であったとするのが通説であったが、それは誤りである。たしかにトマスの遠い祖先にはアクィノ伯爵を名乗った者がいたが、ランドルフォ自身は皇帝フリードリッヒ二世によって「労働の地《テラ・ディ・ラボーロ》」の領主判事に任命された騎士であった。

母親テオドラについて前述の二人の伝記作家は「その美徳の輝き、ならびに先祖の名声によってきわだっていた」とのべている。「先祖の名声」については、テオドラは「シチリアとアラゴンの女王たちの妹」であったとして、ホーエンシュタウフェン家の皇帝フリードリッヒ二世とトマスは親戚であったと記す伝記作家もいたが、これはフリードリッヒ二世の娘と結婚したもう一人のアクィノのトマスとの混同から生まれた伝説にすぎない。テオドラについて確証できるのはナポリ出身の貴婦人であったこと、そして一二四三年ごろ、ランドルフォが死んだのちは、一二五五年ごろ没するまでロッカ－セッカのアクィノ家の柱として采配をふるった――そして、その行動ぶりから推察すると勇猛な気性の女性だった――ということだけである。

テオドラは他の息子たちとは異なった道を歩んだトマスをとくに誇りにしていたように思われる。そのことは彼女が姪《めい》のカタリナに話して聴かせた（カタリナは一三一九年七月二一日から九月一八日までナポリ大司教館において行われた第一回トマス列聖調査会においてそのことを証言している）トマスの誕生にまつわる予言物語から読みとることができる。それによると、テオドラはある日突然ボヌス（「善き人」）と名乗る隠遁《いんとん》修道士の訪問を受ける。その修道士はテオドラにこう告げる――「婦人よ、喜びなさい。あなたはみごもっておられ、男の子を生み、その子をトマスと名付けられるでしょう。あなたと御主人はその子を、あの聖ベネディクトの遺体が安置されているモンテ－カシーノ修道院の修道士《モナクス》にして、かれが大修院長の高位に昇ったあかつきにはこの修道院の大いなる収入

モンテ-カシーノ
修道院

を手にしようと望まれるでしょうが、神はこの子の将来をそれとは別の仕方でお定めになるでしょう。なぜなら、この子は説教修道会の修道士《フラテル》となり、その時代において世界にならぶ者のないほどの学問的名声と生活における聖性を得ることでしょうから。」これにたいしてテオドラは「わたしはそのような子の母となる値うちはありません。どうぞ神様の望みのままになりますように」と答える。福音書に記されたマリアへの御告げを思いうかべたくなるこの話が「事後予言」物語であるにせよ、テオドラの「編集」が加えられた報告であるにせよ、テオドラ自身に由来する物語であるかぎり、そこにわが子トマスの特別な使命についてテオドラが抱いていた予感——そして誇り——を読みとることが許されるであろう。

トマスの生地と生年についての記録は残っていない——これは貴族出身のトマスに限ったことではなく、中世の有名な人物、たとえば裕福な商家に生まれたアシジのフランシスコ、生家は富裕ではあったが貴族ではなかったアルベルトゥス＝マグヌスやボナヴェントゥラについても同様である。しかし、トマスが没した時の年齢についての初期の伝記者たちの証言、モンテ-カシーノ修道院入りをした時の年齢からの逆算、同じくパリ大学において学位を取得した年からの逆算などがほぼ一点に収斂《しゅうれん》するところから、かれが一二二四年から二六年の間に生まれたことは確実である。生まれた場所については、ロッカ-セッカ城のほか、かつてはアクィノとカラブリア地方のベルカストロという二つの町がトマス生誕地の名誉を要求したことがあったが、現在は資料の詳細な検討の結果、ランドルフォとテオドラの末の息子がロッカ-セッカ城で生まれ、洗礼の時にトマスの名を授けられたことは確実であるとされている。

兄弟姉妹とロッカ-セッカ城

トマスが幼年時代、生活を共にしたと考えられる兄弟、姉妹について知られている事実はわずかである。父親ランドルフォは死別した先妻との間にも何人かの子供をもうけていたが、テオドラとの間に生まれたのは男子四人（あるいは七人）および女子五人で、トマスは末の息子である。兄達のうち二人については、当初父親と共に皇帝の軍隊に加わって戦ったが、後に教皇側につき、その一人は皇帝の命令で死刑にされたと伝えられる。姉妹五人のうち、妹の一人は幼い時に乳母がトマスと一緒にロッカ-セッカ城の高い塔の下にあった部屋で寝かせていた時に雷にうたれて死亡しているが、あとの四人については長女がベネディクト会女子修道院長となり、二人の姉と妹一人はそれぞれ伯爵の家柄に属する貴族と結婚した、と記述されている。トマスはこのうち、サン＝セヴェリーノ伯爵家のロゲロと結婚した妹テオドラにとくに親しみを感じていたようであり、死の数か月前にもサン-セヴェリーノの城にテオドラを訪れた折のことが伝記者たちによって記されている。

このような家族と共にトマスが幼少時代を過ごしたロッカ-セッカの山城の雰囲気は、絶え間ない戦乱の荒々しさと、貴族生活の優美さのいりまじったものであったと想像される。「ゆりかごのなかから、幼な子トマスは容赦ない戦闘の空気を吸いこみ、あらたにえられた自由のためのたたかいの焔《ほのお》が燃え上がるのを感じとり、日々、武具の音と馬蹄《ばてい》のひびきをききとった。同時にかれはきらびやかな騎士たちの馬上試合や結婚式、堂々たる騎馬行列を眺め、吟遊詩人たちのかなでる音楽や、その頃強力な中世城主たちのあとおしによってひろまりはじめていた優美なイタリア語の歌に耳をかたむけていた。」

このような色彩豊かで活気あふれる情景はトマスの魂に深く刻みつけられたに違いない。じっさい、トマスは、かれの葬儀の席で長年かれの僚友として生活や行動を共にしたピペルノのレギナルドゥスが証言したように、生涯を通じて「五歳の子供のように純潔であった」に違いないとしても、けっして酒や歌の追放を叫ぶ「禁欲者」ではなかったのである。かれが優れた詩人としての資質をそなえていたことは今日なお歌いつづけられているいくつかの讃美歌からしてあきらかに認められ

中世騎士の模擬試合

吟遊詩人　食事中の貴族を奏楽などで楽しませている。

る。また酒にたいしてけっして敵意を抱いていなかったことは「もし誰かが自覚的に禁酒に徹するあまり、自らの人間性に重圧をかけすぎるならば罪過を免れないだろう」とのべて、禁酒の害（飲酒ではなく）を説いていることにてらしてあきらかであろう。

モンテ‐カシーノ修道院へ

トマス五歳のとき、かれの生活環境は、同じ山の上ながら、山城から修道院へと一転する。当時、貴族の子弟は修道院で初等教育を受けるのがならわしであり、両親はこの慣習に従ってトマスをロッカ‐セッカからはすぐ眼の前ともいえるモンテ‐カシーノ修道院に送ったのである。それはおそらく一二三一年のはじめごろであったと推測される。なぜなら、一二二七年秋、教皇グレゴリウス九世（在位一二二七～四一）が正式にフリードリッヒ二世を破門していらい、モンテ‐カシーノ修道院は教皇の軍勢と皇帝軍との衝突にまきこまれ、一二三〇年に一時的に平和が回復されるまでは、子供が安全に教育を受けることができるような状態ではなかったからである。

モンテ‐カシーノ修道院は西欧における修道院制の基礎を築いた聖ベネデ

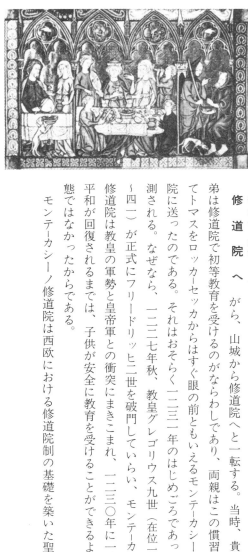

イクト（四八〇〜五四七）自身によって五二九年ごろ建設されたベネディクト会の修道院であり、トマスは「修道志願児童《オブラートゥス》」（「奉献された者」という意味）としてそこに入ったのであるが、そのさい両親の意向はトマスをベネディクト会に正式に入会させることであったのか——その場合、かれらの心のなかに行く行くは自分達の末息子がこの大修道院の大修院長となることで、その膨大な財産が一族の勢威を高めてくれるであろう、という期待があったとしてもおかしくはない——それともただ初等教育を受けさせるということだけであったのかは推測の域を出ない。記録ではっきりしているのは一二三一年にランドルフォがモンテ―カシーノ修道院に多額の寄進——ワイスハイプルの推定によると、当時の著名な法学教授に支払われた年俸の二倍にあたる額——をしたという事実である。もう一つの確実な事実は、トマスが終生ベネディクト会にたいして深い親近感を抱いていたことである。そのことはかれが死のほとんど直前にモンテ―カシーノ修道院長ベルナルドゥス＝アイグリエルに宛てた書翰においてあきらかに読みとれる。この書翰の冒頭の呼びかけ——「神の恩寵によってカシーノの大修院長であられる、キリストにおける尊父ベルナルドゥス様に、あなたを心からお慕いする息子、常に、そしていずこにおいても従順であることを誓うアクィノのトマス修道士より……」——はトマスの他のいずれの書翰にも見られないほどの尊崇と親愛の気持ちをあらわしており、かれが幼少の時にうえつけられたベネディクト会にたいする深い愛着を示しているように思われる。

修道院の初等教育

両親はトマスを「よい生活習慣を身につけ、読み書きをならわせるために」モンテ‐カシーノに送った、と伝記者は記しているが、トマスが受けた初等教育はどのようなものであったのか。まず、かれが他の貴族の子弟たちと、修道士の監督下に共同生活を送ったことはたしかであるが、教育は教室で集団的、組織的に行われたのではなく、個人的に修道士から教えを受けたようである。古い伝記はこの時期の教育の内容については明確なことは何も記録していないが、当時のベネディクト会修道院の傾向からして、教材に用いられたのは主として聖書、それに教父たちの著作からの抜粋《ばっすい》であったと想像される。ラテン語文法に関しては、当時初歩教材として用いられていたドナトゥスの「小文法《アルス・ミノール》」および同じドナトゥスの「大文法《アルス・マイヨール》」あるいはアルス‐グラマティカが当然使用されたであろう。シュヌーはトマスのラテン語について「かれの文法的道具は中世ラテン語、とりわけスコラ的ラテン語の弱点をそのまま示していた。とくにかれの構文《シンタックス》は未発達であった（ただしアルベルトゥスの場合ほどでないが）。この観点からすれば、スコラ学派は聖アンセルムス以後、多くを失った」とのべているが、これはシュヌー自身も強調しているように、トマスが受けたラテン語教育の欠陥というよりは、トマスの思索や探求の根元的特徴を示すものというべきであろう。このほか、初歩的な算数や音楽理論も修道院における初等教育の内容にふくまれていたと考えられる。

ラテン語を読むことを覚えたトマスは、モンテ‐カシーノ修道院の豊富な蔵書のなかからアンブロシウス、アウグスティヌス、ヒエロニムス、ベネディクト、大グレゴリウス、セビリアのイシドールス、さらにアンセルムス、サン-ヴィクトルのフーゴーなどの著作にある程度親しんだと想像される。伝記者はそろってトマスは落ち着いた、口数の少ない少年で、同僚をさけてひきこもりがちであったと記しており、かれは多くの時間を読書にあてたにちがいないからである。このことと関係してここで見落としてはならないのは、トマスがこの時期に学問の研究者にふさわしい生活習慣を身につけたということである。かれは後年、同じドミニコ会に属する若い修道士の求めに応じて学問を志す者のこころえを書き送っているが、そこに記されている内容にはモンテ-カシーノ時代のトマス自身の経験が重ね合わせられているように思われるのでその全文を引用しておく。

トマスの「勉学精神」

「キリストにおいてわが親愛なるヨアンネスよ、あなたは知識の宝庫からなにものかをかちうるためには、いかにはげまなければならないかとお尋ねになりましたので、わたくしとしてはつぎのことをおすすめします。まっすぐ大海原に飛びこむのではなく、小さな流れを経て入ってゆく道をえらびなさい。なぜなら、われわれは、より容易なことがらから、より困難なことがらへと歩みを進めるべきだからです。というわけですから、あなたにたいするわたしの誡《いまし》めと指示はつぎの通りです。

「すなわち、口を開くのは遅くして、談話室に入ることを遠慮しなさい。良心を潔く保つようにつとめなさい。祈りに専念することをやめてはなりません。もし（知恵の）酒倉へと導びかれたいなら、できるだけ自室にとどまりなさい。だれにでも親しみをもって接しなさい。他の人々のやることについて、けっして好奇心を起こさないように。だれとも、あまり親しくならないようにしなさい。なぜなら、過度の親しさは軽蔑を生み、勉学を等閑《なおざり》にする機会を生ずるからです。けっして世俗の人々のことばやふるまいに関心をいだいてはなりません。ふらふら歩き廻ることをなにより避けなさい。聖人やすぐれた人々の模範に従うことを怠らないように。話しているのがだれであるかに気をとられず、その内容がよいことならば記憶にとどめなさい。読んだり聴いたりしたことは、かならず理解するようにしなさい。疑問点についてはたしかめ、容器をいっぱいにしようと望む人のように、できるかぎりのものを精神の倉におさめなさい。やたらに高いところのものに手を出さないように。

この道をたどるならば、あなたには万軍の主のぶどう畑で一生涯の間、豊かな繁みを生じ、有益な実をむすばせることができるでしょう。もしあなたがこれらの勧告に従ったならば、あなたが望んでいるものを手に入れることができるでしょう。」

いうまでもなく、トマスが幼い時に人里離れた山上の修道院に送られ、そこでかれがその後の全生涯を通じて守りつづけることになった生活習慣を形成したことは、かれの学者あるいは研究者としての生活を色々な意味で狭く、かたよったものにした、との解釈も成りたつであろう。右に引用した手紙は、トマスの「勉学精神」が生活体験と想像力の乏しさ、諸思想の多様性、独自性を消してしまう学問方法、理解力にたいする過信、といった消極的な側面をふくむものであったことを示す、と批判する論者もある。たしかに、トマスの学問研究はもっぱら書物を通じてのものであり、「世間という大きな書物のなかに発見されるかもしれない学問」、あるいは自らの観察や実験によって遂行される自然研究には大きな関心を示さなかったようである。また、生涯を通じてアリストテレスを高く評価し熱心に研究し続けたにもかかわらず、アリストテレスの著作をギリシア語原典で読むためにギリシア語を習得しようとはしなかったことを奇妙に感じる人も少なくないのではなかろうか。さらにパリ大学神学部教授として聖書の研究がかれの最重要課題であったにもかかわらず、ヘブライ語を学ぼうとはしなかったことは、リンカーン司教の激職にありながら、また老齢をおしてアリストテレスおよび聖書の研究のためにギリシア語やヘブライ語を熱心に学んだロバート＝グロステスト（一一六八頃～一二五三）とは対照的であり、トマスにたいする否定的評価につながるかもしれない。しかし、ここではトマスの「勉学精神」についての論議に立ち入ることはやめて、かれが現実になしとげた類《たぐ》いの学問的事業は、モンテ－カシーノ時代に形成されたと思われる生活習慣をまってはじめて可能であったことを指摘しておきたい。

ここで古い伝記者の一人が伝えている少年時代のトマスについての興味深い証言を紹介しておきたい。トッコのギレルムスもグイのベルナルドゥスも、「トマスは他の者よりもより熱心に、またより早期に神を探求した」という漠然とした言い方をしているのにたいして、かれらにすこしおくれて伝記を書いたカロのペトルスは「(トマス)は熱心に、そして屡々《しばしば》教師に向かって《神とは何か》と尋ねた」と記しているのである。トマスの伝記資料を編集・出版したK＝フォスターはこの証言を「極めて興味深いディテール」と評し、「いったいカロはどこからこの情報を得たのだろう。かれの他はだれもこのことについて語っていない。カロはトッコの後で、そしておそらくグイにもおくれて書いているのだが、かれは時々かれらには知られていなかった情報源をもっているようだ」とのべている。

「神とは何か」

無口で内向的であったといわれるトマスが幼児にしては重々しい口調で、教師である修道士に向かって単刀直入に「神とは何か」(「神様はどんな御方か」とか「神様はどこにいらっしゃるか」といった問いではなく)と尋ねたのにたいして、修道士はいったいどのように答えたのだろうか。はっきりしていることは、答えの内容がどのようなものであったとしても、それはトマスの神探求を妨げたり中絶させたりするものではなく、むしろそれを力づけ、発展させるものだった、ということである。トマスは後に、「哲学のほとんどすべてをあげて、その考察は神の認識へと秩序づけられている」と明言しているが、かれの生涯を通じての思索と探求は、この幼時の単純であると同時に根本的な問いの継続であり、深化であった、といえるからである。

自然環境と政治状況

ここでトマスが幼時を過ごしたロッカ-セッカおよびモンテ-カシーノ周辺の自然環境に一言ふれておくべきであろう。現代におけるトマスの代表的な伝記者のひとりA＝ヴァルツは、高い丘の上に位置していたモンテ-カシーノの周囲にひろがる山々の風景は、トマスのうちに育ちつつあった霊的な望みを不思議な仕方で推進させるものであったに違いない、とのべる。たしかに北は威圧的にそびえるカイロ山を背にして、東西はカシーノ山をはじめとする多くの聖なる山々が連なり、西南の方向にはリリ河とカリグリアーノ河とが合流しその彼方にはチレニア海までひろがるカンパニア-ディ-ロマーナを展望することができた、雄大で静穏な自然の姿——ロッカ-セッカ城からの眺めも同じようなものであったと想像される——は、幼いトマスの魂に消えることのない印象を刻んだに違いない。「山、孤独、そして修道院の沈黙、これらすべてはかれを助けて観想へと導いた。かれは最も単純な事物から最高のものへと上昇するすべを学び、こうして《他の人々よりもより迅速に神の現存を見てとる》ことを学んだ」とヴァルツは付け加えている。

トマスはもしそのことが可能であれば生涯をモンテ-カシーノの山上で送る道を選んだかもしれ

ない。さきにふれたベネディクト会にたいするかれの深い親近感からすれば、それはけっしてありえないことではなかった。しかし、一二三〇年代の終わり頃には、皇帝と教皇の関係は再び険悪となり——その一因は、トマスの従兄《いとこ》（あるいは異母兄）であるアクィノのフィリッポとモンテ・カシーノ修道院との間の財産争いであった——三九年に教皇グレゴリウス九世が皇帝フリードリッヒ二世を破門したことによってモンテ・カシーノ修道院は再び戦火にまきこまれることになった。同じ年に修道院は皇帝の軍隊に占領され、その要塞となったのである。皇帝は自らの所領の出身者以外のすべての聖職者の国外追放を命じ、このため、モンテ・カシーノでも大修院長をはじめ他の修道院に逃れた者が多く、あとに残ったのはただ八人の修道士だけであったと伝えられる。

このような状況のなかで、皇帝の側についていて、事態の進展を予測できたトマスの父は、おそらく三九年の春には自らモンテ・カシーノにおもむき、トマスをロッカ・セッカの居城に連れもどしたと考えられる。伝記者たちは奇妙にもこうしたモンテ・カシーノをとりまく緊迫した状況にはまったくふれることなく、大修院長がトマスの優れた才能を認めて、かれをナポリの大学に送って学業を続けさせるよう両親にすすめた、と記している。しかし、トマスがモンテ・カシーノ修道院を去ったのは、そうした将来を顧慮した周囲のとりきめによるものではなく、むしろ現在のさしせまった状況の下でかれの身の安全を配慮した両親の不本意な選択によるものであった、と見るべきであろう。じっさい、このあとモンテ・カシーノは二五年以上もの間、平和と静穏を回復することはなかったのである。

II　ナポリ大学時代

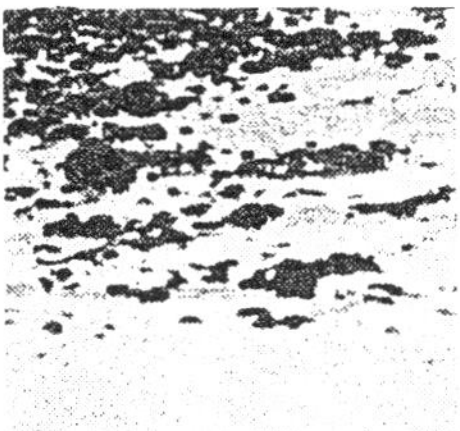

アリストテレスとドミニコ会

ナポリ大学の創設

トマスが一二三九年の秋に進学したナポリ大学はどのような歴史をもち、またどのような特徴を有する大学であったのか。フリードリッヒ二世が父のハインリッヒ六世（在位一一九〇〜九七）のあとをついで神聖ローマ帝国皇帝の位につき、母方の領地であるシチリア王国を統治しはじめたとき、王国内には、一〇世紀にまでさかのぼる歴史をもち、一二世紀には最盛期を迎え全ヨーロッパにその名がとどろいた医学校がサレルノにあった。しかし、法学や神学などの専門学部をあわせもち、学位を授与することのできる正式の大学はまだ存在していなかった。このため、これらの学問を修めようとする若者は国外に出ていくことになり、そのことはシチリア王国の優れた人材が国外に流出するという望ましくない結果をともなうものであった。とくにフリードリッヒ二世が我慢できなかったのは法学を修めて将来王国の発展に寄与すべき若者を仇敵ローマ教皇の勢力下にあるボローニャ大学に奪われることであった。このような状況の下で、一二二四年、フリードリッヒ二世はシチリア王国の臣民が国内で高度の学問を学び、そのことによって自治ならびに国家統治の能力を身につけ、王国の隆盛に寄与できる者となるようにという意向

ナポリ大学
（神学部）

をもってナポリに大学を創設したのである。

このように、ナポリ大学は大聖堂や修道院に付属していた学校が発展したものでもなく、教師や学生の団体が長い年月の間に組織化され、拡大されて成立した大学でもなく、世俗の君主が自国の勢威を高めるために勅令をもって設立した「国立」大学であり、古いヨーロッパの大学の間にあってきわめて異色の存在であった。学部はサレルノから移された医学部のほか、人文学部（教養部）、法学部（教会法および市民法）、および神学部を擁し、学生はシチリア王国出身者のみにかぎられず、むしろすぐれた学者を教授として招き、魅力あるカリキュラムを用意することによってボローニャ大学、パリ大学などで学んでいる他国出身の学生たちをも勧誘する試みがなされた。次にのべるフリードリッヒ二世によるギリシア語およびアラビア語からの翻訳センターの充実はその一つであり、また後にナポリ大学の復興に尽力したシャルル＝ダンジュー王が、パリ大学でストライキがくりかえされているのに目をつけ、一挙にナポリ大学の勢威を浮上させることをはかって、一二七二年七月三一日付の書翰で、パリ大学の教授や学生たちに、ナポリに移って平和のうちに勉学を継続するよう勧誘しているのももう一つの例である。

ナポリ大学で学んだ論理学

トマスがナポリ大学の人文学部で学んだ約五年間の生活については何の記録も残されていない。かれの大学進学がモンテ-カシーノ修道院側の承認（および、おそらく勧告）にもとづくものであったとすれば、おそらくナポリにおいてトマスが居住したのは同じ修道院がナポリに設立し、ナポリを訪れる修道士たちの宿舎にあてていた、聖デメトリウス修道院であったと考えられる。トマスがこの美しい、活気ある港町で経験した学生生活に特別の懐しさを覚えていたであろうことは、二〇年後にかれの属する修道会が新しい神学大学の創設の仕事をかれに委ねたとき、ただちにナポリをその場所として選んだことからも推察される。

次に、トマスはナポリ大学の人文学部—— facultas artium 、つまり諸々の自由学芸 artes liberales の学部——でどのようなことを学んだのであろうか。諸々の学芸の学部といっても、この時代の大学においてはかつての修道院学校のカリキュラムそのままに三学（文法学、論理（弁証）学、修辞学）、四科（算術、幾何学、音楽、天文学）が教授されていたのではなく、文法学や修辞における訓練をふくむ「クルスス」、つまり説話の学芸、論理学、および自然学が主なカリキュラムの内容であった。これらのうち、トマスにとってクルススはモンテ-カシーノで学んだことの継続であり、かれがナポリ大学で初めて学んだ学科は論理学および自然学であったと考えられる。

トマスは後にアリストテレスの論理学著作のうち『分析論後書』と『命題論』の一部についての註解を書いているが、かれがアルベルトゥス＝マグヌス（かれはアリストテレスの論理学著作全部について註釈している）ほどに論理学にたいして関心を示さず、また論理学史において後代にたいして大きな影響力を及ぼすような仕事――かれの同時代人ペトルス＝ヒスパーヌス（教皇ヨハネス二一世）の著作『論理学綱要』のような――を残さなかったことはあきらかである。他方、ナポリ大学でかれに論理学を教えた教師はいわゆる「旧論理学」（ボエティウスが訳したアリストテレスの『カテゴリー論』、ポルフュリオスの『カテゴリー論入門』とそれについてのボエティウスの註解、『命題論』のボエティウスによる訳と註解、および三段論法についての三つの簡単な論考と『トピカ』についての論考）のみでなく、『トピカ』『詭弁論駁《きべんろんばく》』『分析論前・後書』のラテン訳およびギルベルトゥス＝ポレタヌスに帰せられる『六原理の書』をふくむ「新論理学」をも知っていたのであり、トマスはこの時期にアリストテレスの論理学著作の全部に親しむことができたと考えられる。

学生トマスのレポート

ところで、トマス全集のうちにはトマスが学生時代に書いたと伝えられる二つの論理学論文（『虚偽について』『様相命題について』）がふくまれている。いずれも短いもので（前者は最新のレオ批判版で一六ページ、後者はわずか二ページ）、トマスの真作であることが完全に確立されているともいえないが、真作と考えてさしつかえないものであり、若い学生トマスがどのようなものを書いたのかを紹介するために、次に『虚偽について』の序言を訳出しておこう。

「論理学は推理のために考案された理性の働きにかかわる学であり、ところが推論は正しい仕方で、また正しくない仕方で為されることがあるから、両者とも論理学者の考察に属する。すなわち、正しい推論によって真なることの認識に到達し、偽なる推論を避けることによって虚偽の誤謬《こびゅう》を避けるためである。この推論様式の両者が同一の人間に、かれ自身及び他者との関係において属する。なぜなら、ある人は自らと共に（独りで）考察する者として、また他者と共に語り合う者として、正しい仕方で、また正しくない仕方で推論することができるからである。しかるに、ある人が自らと共に（独りで）考察する者として正しくない仕方で推論するときには、このことは意図の外で起ることである。なぜなら、何びとも自分自身を欺《あざむ》くことは意図しないからである。他方、ある人が他者にたいして正しくない仕方で推論するときには、時としてそれは推論する者の意図からして生じる。すなわち、それはある人が他の人について試験してみようと意図するとき、あるいは自分の名声のために勝利しようと意図する時である。しかるに、自分自身との関係における推論はたんに三段論法、あるいは議論の何か他の種のものと呼ばれうるのにたいして、他者との関係における推論はたんに三段論法あるいは議論と呼ばれるのではなく、また討論とも呼ばれる。というのも、二人、つまり反対者と応答者の間で戦われるからである。このようなわけで、虚偽の推論について論ずるにあたっては、第一に討論から始めなくてはならない。」

これに続く論述も、いかにも学生が教室で学んだことを几帳面《きちょうめん》に整理しているという感じで進められており、このあと十数年の勉学と思索を重ねた上で公けにされたトマスの著作とくらべると、その「幼い」筆の運びは微笑をさそうくらいであるが、それだけにまた、われわれが偶像ではなく、現実の人間トマスに近づこうとするさいには、貴重な資料となりうるのではないか。

自然学の分野では

自然学に関してトマスが学んだのはどのようなことだったであろうか。この分野に関してもトマスはアルベルトゥス＝マグヌスほどの強い関心は示さず、またロバート＝グロステスト、ロジャー＝ベイコンのように自然研究の歴史において後代に大きな影響を及ぼすこともなかった。しかし、トマスは後にアリストテレスの『自然学』をはじめ『天体論』『生成消滅論』『気象論』『霊魂論』『感覚と感覚されるものについて』『記憶と想起について』などの自然学的著作についての註解を書いており、主として書物を通じてではあったが自然学の分野においても可能なかぎり包括的な理解をめざしていた。そして、その基礎はあきらかにナポリ大学時代に築かれたように思われる。

一七世紀にいたるまで天文学の古典としての地位を保ったプトレマイオスの『アルマゲスト』の

ラテン語訳はすでに一二世紀後半にシチリア王国の翻訳センターにおいて完成されており、一二二七年頃、それまでトレドの翻訳センターで活躍していたミカエル＝スコトゥスがフリードリッヒ二世の勧誘によってナポリ大学に移ったことで、ナポリ大学における自然学の講義は、当時のヨーロッパのいずれの大学にもまさって、アリストテレスの自然学的著作、およびイスラム圏の代表的なアリストテレス註釈家アヴィケンナおよびアヴェロエスによる自然学に関する著作のラテン語訳を自由に用いて為されていたと推察される。じっさい、パリ大学においてアリストテレスの「自然学に関する書物」およびその註解を公的および私的に教授することを禁じ、その違反者は破門するという禁令が一二一〇年、一五年、三一年、四五年、六三年と繰り返し公布されていた（じっさいには空文化されていたのであるが）。これと同じ時期に、フリードリッヒ二世はナポリ大学における自然学の講義はアリストテレスの著作とその註釈家にもとづいて為すべきことを命令したのである。

ナポリ大学におけるトマスの自然学研究に関しては、かれにアリストテレス哲学についての最初の手ほどきをしたと推定される一人の教師にふれておくべきであろう。伝記者トッコのギレルムスはナポリ大学でトマスを教えた教師としてマギステル＝マルティィヌス（文法、論理学）とマギステル＝ペトルス＝デ＝イベルニア（アイルランド）（自然学）の名前を挙げている。このうち、マルティィヌスについては思弁的文法学ならびに論理学の著名な教師ダキア（デンマーク）のマルティィヌスではないか、との推定がなされているが、年齢の点でかなり無理があり、確定できない。他方、ペトルスについては一二六〇年代に同名の人物が人文学部の教授として活躍していたことが記録に残っている。すなわち、ペトルスはマンフレッド王（在位一二五八～六六）の臨席をえて行われた討論（大学の正規の講義としての）において、「身体の諸部分はそれらが営む活動のためにあるのか、それともそれら活動が身体諸部分のために営まれるのか」という論題をかかげているが、そのなかでかれはアリストテレスの立場に忠実に、身体が霊魂のためにあるように、身体諸器官は活動のためにあると結論し、アリストテレス自身の説と、註釈家アヴェロエスの説とを明瞭に区別している。また、同じペトルスの手になるアリストテレスの『命題論』やポルフュリオスの『カテゴリー論入門』の註解、などの写本も残っており、かれがアリストテレスについてすぐれた学識を有していたことがわかる。

アリストテレス（右）
ラファエロ画

アリストテレスとの出会い　このように見てくると、トマスは哲学を学び始めたそもそもの発端においてアリストテレスに出会ったことがわかる。そのことを可能にしたのは、フリードリッヒ二世が神聖ローマ帝国皇帝としての自らの威勢を高め、シチリア王国の隆盛をもたらすためにとった文化・学問政策であるが、その結果として実現されたトマスにおけるキリスト教信仰とアリストテレスとの出会いは、このあとの西欧の思想史にとって測り知れぬ重要性をもつことになった。しかも、この出会いにおいて見落とすことのできないのは、ナポリ大学においてトマスにアリストテレスを教えた教授たちは、イスラム圏を代表する二人のアリストテレス註釈家――アヴィケンナとアヴェロエス――の両方を知っていた、という点である。トマスは後にアヴェロエスのアリストテレス解釈に追随するパリ大学人文学部の教授たちと激しい論争を交えることになるが、かれがアリストテレスを学び始めた当初からアヴェロエスに接触していたことは、かれのアリストテレス理解を学問的に厳密なものたらしめるのに役立ったといえるであろう。それというのも、アヴィケンナの註解が、アリストテレスの著作の内容をパラフレーズしながら解説するという形をとっている（トマスの師アルベルトゥス＝マグヌスがとった方法もそれであった）のにたいして、アヴェロエスの註解はアリストテレスの原文を逐語的に説明し、重要な用語、概念、問題点について説明を加える、という風にアリストテレスをかれ自身に即して理解しようと意図するものだからである。後にトマスがアリストテレスの註解を書くにあたって採用したのはこのアヴェロエスの方法であった。

次の章でのべるように、トマスはこのあとで「アリストテレスの哲学のすべての部分をラテン世界の人びとに理解可能なものたらしめ」ようとする目標をたてて、その企てを着々と実行し、「大《マグヌス》」と称せられるほどの博学をうたわれたアルベルトゥス＝マグヌスの指導の下に哲学や神学を学ぶことになる。グラープマンは「アルベルトゥス＝マグヌスはアクィナスの学問的発展にたいして強力な影響を与えた」とのべており、それは当然推測されることであるが、じっさいにこの二人が形成した哲学の基本的立場における著しい相違、および様々の問題に関する見解の対立にてらして見るとき、トマスはアルベルトゥスから多くを学びとりつつも、自らのうちに形をとりつつあった哲学が師のそれとは基本的に異なるものであることを早くから自覚していたと推察せざるを得ない。そして、何よりも、トマスはアリストテレスをアルベルトゥスのもとで初めて学んだのではなく、すでにナポリ大学時代に論理学と自然学――そしておそらくはある程度、形而上学についても（なぜならミカエル＝スコトゥスはナポリにおいてアヴェロエスの註解と共に『形而上学』をラテン語に訳しているからである）――に関してはアリストテレスについてのかなりまとまった知識を身につけていたのである。

青年トマスの詩？

さきにふれたように、トマスの学生時代の生活を物語る記録としてはかれの学業における進歩を讃美する伝記者の証言――「かれら（トマスの教師たち）の教室においてかれ（トマス）はかくも明澄《めいちょう》な精神とかくも透徹《とうてつ》した理解を示し始め、それは自分の教師たちから聴きとったことを、それよりもはるかにより深遠かつ明瞭なものにして他の学生たちに反復してやるほどであった」――を別にすれば何も残されていない。しかし、北イタリアのモデナ市の図書館には一三四七年の日付がついた一篇のソネットの写本が保存されており、それには「修道士アクィノのトマス」と記されている。このソネットは著名な中世哲学研究者P＝マンドネがトマス学生時代の作であると主張していらい、広く注目をあびることになった。K＝フォスターは、トマスがこの詩を書いたかどうか「極めて疑わしいが、とにかくありうることだ」とのべ、写本にトマスの作だと記されていなかったならば誰もトマスの書いたものだと思いつきもしなかっただろうが、いちどそうだといわれてみると、もっともらしい理由を考えつくことができる、と評している。つまり思索には長じているが想像力が豊かとはいえない、どちらかといえば抽象的な思想を生硬《せいこう》な構文で、力強く表現したもので、若いトマスはまさしくそのような学生だったのではないか、というのである。じっさい、このあと、托鉢《たくはつ》修道会に入るまでのトマスは、幼時から吟遊詩人たちによって歌われるこの種の歌が生活に色どりをそえていた、優美な貴族社会に属していたのであり、おそらく学生時代の終わり頃、トマス自身がこの詩をつくったとしても何の不思議もない。またかりにトマスの作でなかったとしても、この詩はトマスが日常の会話に用いていたこの地方特有のイタリア語の響きを伝えるものであり、その意味でもここで紹介するのは無意味ではないと思う。

Tanto ha virtù ziascun, quanto ha intelletto,
e ha valor quanto in virtù si stende;

e tanto ha 'llhor di ben, quanto l'intende,
e quanto ha d'honor gentil diletto.
E il diletto gentil, quanto ha l'effetto,
adorna il bel piacer, che nel chor scende;
il quale adorna tanto, quanto splende,
per somiglianza del proprio subietto.

Dunque chi vol vender quanto d'honore
altrui è degno e di laude perfecta,
miri in qual desio amante ha il core.
Però ch'esser felice ogni uomo affecta,
massimamente quel, che per l'onore
verace adopra, tal corona aspetta.

（大意）「人はその悟りに応じて徳をもち、その徳に応じて価値がある。かれが、名誉を、気高くも悦《よろこ》びとしつつ、めざしゆく善、その善をかれは所有する。そしてこの気高き悦びは、それにつづく心の願いを美しいものたらしめる――この願いが気高い悦びから照り返す光で輝くかぎりにおいて。

それゆえ、誰であれ他の者がいかに名誉と全き賞讃に値するかを判断したいなら、その者の心が何を願っているかを見きわめるがよい。それというのも、すべての者が幸福であろうとこい願っているが、真の名誉のために働く者こそは、誰にもまして幸福の冠への望みをつなぎうるからである。」

聖ドミニクス
フラ＝アンジェリコ画

ドミニコ会との出会い

トマスがナポリ大学で学んでいる間にかれの仕事と生活に決定的な方向を与える二つの出会いが起こる。その一つは右にのべたアリストテレスとの出会いであり、もう一つは次にのべるドミニコ会との出会いである。スペインのカスティリア出身の聖ドミニクス（ドミンゴ＝デ＝グズマン、一一七一～一二二一）によって創立されたドミニコ会（正式の名称は「説教者（兄弟）修道会」）は、アシジの聖フランシスコ（一一八二～一二二六）によって同じころ創立されたフランシスコ会（「小さき兄弟修道会」）と並んで、一三世紀における新しい精神的運動の担い手であった。それはイエス＝キリストの福音へと立ち帰り、それを宣べ伝えようとする運動であると同時に、キリストの教えの純粋で、徹底した実践としての修道生活《レリギオ》を人里離れた山中から、都市のなかに、民衆の間にもたらそうとする試みであったといえよう。

ところで、ドミニコ会は当初から、福音の説教者にとっては高度の学問研究が不可欠の必要条件であるとの考え方をとっていた。聖ドミニクスはかれの修道会がローマ教皇によって正式に認可された（一二一六）翌年には、早くも当時の一六人の会員のうち七人をパリ大学に勉学のため派遣する、という思いきった決定を下している。かれの後継者サクソニアのヨルダヌスもきわめて魅力と説得力に富んだ人物であり、パリ、ボローニャ、パドゥア、オックスフォード、など多くの大学町でかれの呼びかけに応じて多数の学生（ときには教授も）がドミニコ会に入会した。トマスの師アルベルトゥス＝マグヌスが、一二二三年パドゥア大学でドミニコ会への入会を決断したのもヨルダヌスの説教に動かされてであった。ヨルダヌスは、一二三六年聖地のドミニコ会修道院訪問の旅に出発する直前、ナポリ大学の学生たちを前に説教を行った（ナポリにはすでに一二三一年、ドミニコ会の修道院が発足していた）が、いうまでもなく、トマスはこの時にはまだナポリ大学に入学していなかった。じっさいにトマスがドミニコ会に入会する決意を固めたのは、同じナポリ出身のヨハネス＝デ＝サン＝ジュリアーノ神父の指導によるものであった、と伝記者トッコは記している。トマスがこのヨハネス神父に見守られつつ、ナポリのドミニコ会修道院長トマゾ＝アニ＝ダ＝レンティニによって正式に修道志願者として受け入れられ、修道服を身につけた時期についての記録はないが、おそらく一二四三年あるいは四四年であったと推定される。

「観想したことがらを他に伝える」

では幼い時から沈黙のうちに祈りと観想に専念するベネディクト会の修道生活にひきつけられていたトマスが、自らの意志で自分の生き方を選びとる年齢に達したときに、ドミニコ会に入ることを決意したのはどのような理由によるものであったのだろうか。かれがベネディクト会にひきつけられつつも、両親の願いと計画に従ってモンテ－カシーノのベネディクト会修道院に入ることを躊躇《ちゅうちょ》した理由は容易に推測できる。第一にトマスには（かれのこのあとの生涯が示しているように）勢威や名望にたいする執着がなく、むしろそれらは自分が選びとろうとしている道における妨げであることを自覚していたので、世俗的な権勢や利害と結びついた両親の考え方には同意できなかった。さらにまた、モンテ－カシーノは、当時あきらかにトマスが望んでいるような修道生活を送ることが不可能な状況に置かれていたのである。

他方、学生トマスがドミニコ会の修道生活の理想をどのように理解し、またどの点に最大の魅力を感じていたかを伝える証言は残されていない。しかし、約二〇年後に記された次の言葉は本質的な点に関して若い日のトマスの思いをそのままに伝えるものといえるであろう。

「一つの修道会の他の修道会にたいする差異は、何より第一に目的の側から捉えられ、第二次的には実践の側から捉えられる。……したがって、絶対的にいってより優れた目的（それがより大いなる善であるか、あるいはより多くの善へと秩序づけられているとの理由で）を目的とする修道会が、他の修道会よりもより優れている。しかし、もしも目的が同一であるならば、修道会の優越性は第二次的に、実践の量に即してではなく、意図された目的にたいする実践の対応に即して捉えられるのである。……このようなわけで、活動的生活の働きには二種類のものがあるといわなくてはならない。その一つは教えるとか説教する働きのように、観想の満ちあふれから出てくるものである。……そしてこのような働きは単なる観想よりもより優れている。それというのも、ただ光を発するよりも照明することの方がより大いなることであるように、単に観想することよりも、観想したことがらを他に伝えることの方がより大いなることだからである。活動的生活のもう一つの働きは施しをしたり、客人を迎えたり、といったことのように、全面的に外的な活動に在するものである。そしてこれらは、おそらくは緊急の場合を別にすれば、観想の働きよりもより劣ったものである。

したがって、諸々の修道会のうちで最高の段階をしめるのは、教えることや説教することを目的とするところの修道会である。……」（『神学大全』第一八八問題第六項）

「観想したことがらを他に伝える」という言葉はドミニコ会の標語であり、右の文章はとりようによっては我が党尊しとする独善的な響きを伝えているかも知れない。しかし、若き日の熱意と献身をひたむきに貫き通した人間の証言として聞くとき、なんびともそこにこめられた静かな確信の重さを感じとらざるをえないのではあるまいか。

しかし、トマスは平穏に、家族の祝福につつまれてドミニコ会入りを果たしたのではない。トマスがモンテーカシーノの大修院長となることによって一族の勢威と繁栄に寄与してくれる、という期待をかれの母や兄たち（父ランドルフォはこの時すでに死去していた）が抱きつづけていたかどうかは別として、かれらにとって貴族アクィノ家の息子が喜捨《きしゃ》に頼りつつ活動する托鉢修道会《メンディカンテス》に身を投ずることは一族の名誉にかかわる、許すことのできない暴挙と受けとられたことは容易に想像できる。伝記者たちもそろって人々（あるいは「貴族たち」）はかくも高貴な生まれの男子がこのような途をえらんだことに「驚嘆した」と記しているのである。じっさいに、トマスのドミニコ会入りはあらかじめ家族の了解をうることなしに運ばれたらしく、そのことを知った母親テオドラはすぐにナポリに駆けつけた、と伝記者は記している。

トマス逮捕事件

このときのテオドラの動機について、伝記者たちは、当初テオドラはトマスを励ますために来たのであるが、ドミニコ会側が彼女を信用せず、トマスに会うことができないよう策略をめぐらせたのに腹をたて、反対側にまわった、とのべている。しかしこの話もおそらくトマスの誕生予言物語と同じく、テオドラ自身の潤色によるものかもしれない。いずれにしてもテオドラがナポリのドミニコ会修道院に馳けつけたときは、トマスは家族の反対をかわすために修道士たちと共にローマへ向かって出発していた。そして、トマスを追ってテオドラがローマに着いてみると、トマスはすでにドミニコ会の総長ヨハネス＝ヴィルデスハウゼン（通常「テウトニクス」）に従ってボローニャを経由してパリへ行くために旅立っていた。そこでテオドラは当時トスカナ地方に遠征中であった息子レジナルドに使いを送って、トマスを自分のもとへ連れ帰るよう命じた。徒歩で旅していたトマス一行に追いつくのは戦いに慣れたレジナルドにとってはさほど困難ではなかったらしい。かれはローマとフィレンツェの中間のアクアペンデンテで弟を見つけ、はじめは説得によって、ついで暴力でもって修道服を脱がせようとする。しかし、トマスの強力な抵抗でそれが不可能とみるや、そのままかれを捕えて、まずモンテ＝サン＝ジョヴァンニの一族の城へ、ついでテオドラが待つロッカ＝セッカへ連れて行った。このトマス逮捕事件が起こったのは一二四四年五月の前半であったと推定される。

「肉親の人々は敵である」

このあとトマスはロッカ＝セッカ城の一室に、約一年間監禁されることになる。母や兄達は色々な手段でトマスの決心をくじこうと試みるが、そのなかでトッコをはじめ伝記者たちが記している美女をやとってトマスを誘惑させようとした話は有名である。トッコはこの話を次のように語り始める。

「前述の兄達はこうした不当な仕うちによってはトマスを屈服させることはできぬとみて、それによれば諸々の塔は倒され、岩はもろくされ、レバノンの杉も根こそぎにされるのが常である、あの別の種類の戦いによって勝利を収めようと考えをめぐらせた。われらはすべてこの戦いにまきこまれるのであるが、その困難さを前にして勝利者となる者はまれである。すなわち、兄弟は、監視の下にそこで寝起きしていた部屋にトマスが独りでいたとき、売春婦のように着飾ったこの上なく美しい少女を送りこみ、この少女は目くばせ、愛撫、たわむれ、そのほかの手だてをつくしてトマスを罪へと誘った。」

トッコによると、このときトマスは身のうちに肉の衝動がわき起こるのを感じたが、炉から燃えている薪をとって少女を追い出し、そのあと同じ薪で壁に十字架のしるしを書きつけ、ゆかに伏して祈った、という。トッコは後にナポリで行われた列聖調査会においても宣誓の下に同じ内容の証言を行っており、これがたんなる作り話ではなく、潤色は加えられているとしてもこのようなきわどい方法もふくめて、さまざまの仕方でトマスの家族がかれのドミニコ会入りをやめさせようと試みたことはたしかである。後年トマスは『人々の修道会入りを引き止める輩の有害な教に対して』と題する論争的な著作をものしているが、そのなかの次の一節には若き日のかれの苦い経験がにじんでいるように思われる。

「『ミカ書』第七章第六節において《人の敵はその家の者だ》——この言葉は主キリストも『マタイ福音書』第一〇章第三六節において引用し給うている——といわれているごとく、この（修道会に入ろうとする）決定に関しては、肉親の人々は友ではなく、むしろ敵である。それゆえに、この場合においては肉親の人々の助言はとりわけ避けるべきである。」

しかし一年後の一二四五年夏には、いかなる手段によってもトマスの決心を変えさせることの不可能なことが明白となったこと、さらに政治的状勢の変化にともなってアクィノ家が皇帝側から教皇側につくように方針の変更を迫られ、教皇インノケンティウス四世（在位一二四三〜五四）を通じてトマスの解放を働きかけていたドミニコ会の要求を無視できなくなったこと、などの理由から家族はトマスの解放に同意した。こうしてトマスは再び自由の身となり、ナポリのドミニコ会修道院に帰ることができたのであるが、修道士たちは「かくも高貴な生まれの男子」をその血族たちの領地にとどめることは安全な策ではないと考えて、どこか遠方の地にあるドミニコ会の「大学」で修学させるために、かれをただちにローマへ出発させた。こうしてトマスは、二〇歳ころ故郷を離れアルプスを越えて旅することになったのである。

III 修業時代

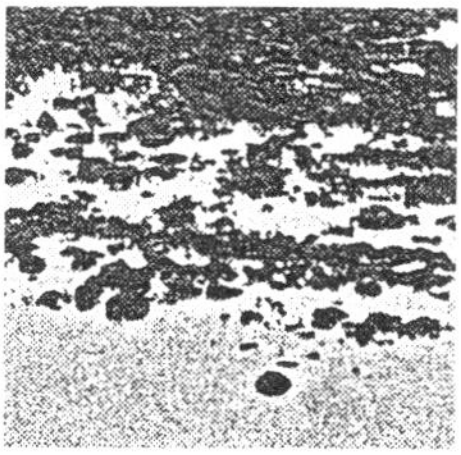

ケルンとパリ

サンージャック修道院にて　伝記者トッコは一二四五年の夏トマスの身に起こったことについて次のように記している。

「(ローマにおいて) ドミニコ会総長ヨハネス＝テウトニクス修道士は修道士トマスをキリストにおける至愛なる息子として迎え入れ、かれをともなってパリに至り、ついでケルンに行った。そこでは同じ修道会に属する神学教授アルベルトゥス修道士の下で『大学』がさかんに活動していた。アルベルトゥスはすべての学において並びなき者との評判を得ていた。」

グイもほぼ同じことをのべており、トッコは一三一九年ナポリで行われたトマスの列聖調査において も、自由を回復したトマスは修学のためにケルンへ送られた、と証言している。

しかし、一二四五年から四八年の間のトマスの生活と行動に関しては何の記録も残されておらず、かれがこの年パリを経てケルンへおもむいたと推定することには色々な無理がある。第一に、ケルンには当時すでにドミニコ会の修道院があり、神学を学ぶことはできたが、「大学」と名のつくほどのものはまだ設立されていなかった。第二に、伝記者が強調しているように、トマスがケルンへ行ったのはアルベルトゥス＝マグヌスの下で学ぶためであったとすると、この時期のアルベルトゥスはパリ大学神学部の教授《マギステル》としてパリにいたのであるから、ケルン行きの理由はなかったといわざるをえない。第三に、この期間トマスが何らかの形でパリ大学に籍を置いていなかったとすると、後にこの大学で教授資格を取得した際に、在籍年数の著しい不足がなぜ問題にならなかったのか説明がつかないであろう。おそらく、トマスがパリまで同行したドミニコ会総長のヨハネス＝テウトニクスは同じ年ケルンで開かれた総会に出席するためにケルンまで旅を続けたので、トマスも一緒にケルンに修学のためおもむいた、という話になったのではなかろうか。

他方、この期間トマスがパリに滞在してアルベルトゥスの下で学んだとすると、当時名実ともにヨーロッパ随一の哲学・神学の研究センターであったパリ大学からかれが受けとった知的刺激は強烈なものであったに違いない。かれが居住していたラテン区のサン＝ジャック修道院ではアルベルトゥスともう一人のドミニコ会員エタンプのギレルムスがパリ大学神学部教授として活動し、その講義を聴くために他の神学部教授たちの激しい反発を招くほど多くの学生が集まってきていた。さらにサン＝ジャック修道院の内部には、ドミニコ会員としては最初にパリ大学神学部教授となったクレモナのローランの後をついだサン＝シェルのフーゴー（一二〇〇頃〜一二六三）の指導の下に、ヨーロッパ有数の聖書研究所が設立されていて、正確な聖書本文の復元、用語索引の作製、日常語への聖書翻訳の作業など活発な活動が行われていた。またこの時期にトマスがパリ大学人文学部でアリストテレスの倫理学を学んだとするゴーティエの説は受け入れ難いとしても、かれが当時人文学部で活発に行われていたアリストテレスに関する研究や議論に関心を寄せなかったとは考えられない。

このように見てくると、ナポリ大学でドミニコ会の福音運動とアリストテレス哲学に出会ったトマスは、パリ大学に来てヨーロッパ最高の学問的水準をもって進められていた聖書研究とアリストテレス研究のまっただなかに身をおいたわけであり、そのことがちょうど二〇歳になったトマスの心に、日々新鮮な驚きを呼びおこしたであろうことは容易に想像できる。この時期のトマスは、幼少時代からの習慣そのままに、口数少なく、自室にひきこもりがちであったと想像されるが、かれの精神はけっして暗い洞穴に閉じこもっていたのではない。むしろ、かれの精神はあらたに切り開かれた広大な知的世界を、いわば憧れの目をもって見つめていたのであり、若くして手にしたこの知的展望は、やがてかれ自身、そこに独自の神学的・哲学的総合を構築すべき地平にほかならなかったのである。

「シチリアの唖の牛」

一二四八年夏、トマスは、前年のドミニコ会総会における決定にもとづいてケルンのドミニコ会修道院に大学を創設することになったアルベルトゥス＝マグヌスに随行してケルンに移る。今日、ライン河畔にそびえている大聖堂はこの年の八月一五日に定礎式が行われており、トマスもおそらくその式典に参列したことであろう。当時のドミニコ会修道院はこの大聖堂の近くにあったが、今はその位置に聖アンドレアス教会が建ち、その地下聖堂にはアルベルトゥスの墓が見出される。アルベルトゥスは一二八〇年に没するまで——何度か中断はあったが——ここに居住し、自ら設立した大学において研究と教育に従事した。今日のケルン大学の起源はこの大学であり、その証しとしてケルン大学本部前の広場には「万学博士」とあだ名された「初代学長」アルベルトゥスのブロンズ像が立てられている。

アルベルトゥス＝マグヌス像　ケルン大学構内

ケルン時代のトマスの勉学ぶりに関しては、まず伝記者たちが揃って記している二つのエピソードを紹介しておこう。その一つは、アルベルトゥスがパリ時代からひきつづいて行っていた偽ディオニシウスの『神名論』についての講義に出席していたトマスに級友が個人教授を提案した話である。学生たちは巨体で沈黙がちであったトマスに「唖の牛」(bos mutus) とあだ名をつけていたが、そのなかの一人がトマスの沈黙を理解の鈍さと早合点して勉強を助けてやろうと申し出る。トマスは謙遜にこの申し出を受けたが、説明をはじめたこの級友はすぐ言葉につまってしまった。そこでトマスが助け舟を出したが、その説明はきわめて明晰《めいせき》で、しかも講義中に先生が言わなかったことにまで及んでいた。驚いた級友は逆にトマスに個人教授を依頼し、トマスはこのことを秘密にしておくと約束させた上で承知した。しかしこの級友は約束したものの、このような財宝をひとりじめすることはよくないと判断して、学生指導教授に事の次第を告げ、かれがひそかにトマスの教授ぶりを自ら観察できるよう手配し、その報告を受けてはじめてアルベルトゥスはトマスの優れた才能を知ったという。

もう一つの話は、アルベルトゥスがある難解な問題に関して討論を行っていたころ、トマスがその問題について自分の覚え書きを記した紙きれを級友の一人がたまたま見つけ、それをアルベルトゥスに示したというものである。これを見たアルベルトゥスは感嘆して、次の日の討論ではトマスに解答者《レスポンデンス》の役割を引き受けるよう命じた。トマスはこの大役を一度は固辞したが、上長の命令ということで従順に引き受け、当日は提起された難問を整理した上で、説明のために必要とされる区別を導入し明快な解答を与えた。これにたいしてアルベルトゥスは「修道士トマス、きみは解答する学生ではなく、確定する教授の場所を占めているように見える」と叱責《しっせき》し、トマスは「あらゆる崇敬をこめて」こう答えた。「先生、わたしはこの問題にたいしてどのように他の仕方で解答したらよいのかわかりません。」そこでアルベルトゥスは「ではきみが導入した区別を用いてこの問題に答えなさい」といって、かれ自身にも到底答えられないと思われたほどに難解な四個の反対論を提示した。これにたいしてトマスが完璧な解答を与えたとき、教授アルベルトゥスは預言的な霊に動かされてこう語ったという。「われわれはこの者を唖の牛と呼んだが、かれがやがて教えるとき、その鳴き声は世界中にひびきわたるであろう。」

トマスとアルベルトゥス

これらのエピソードはケルン時代のトマスが勉学において示した卓越性と、アルベルトゥスがそれを認め、評価したことの文学的表現であり、文字通りに受けとる必要はない。たしかにアルベルトゥスはトマスをたんに自分の講義を聴講する学生として遇したのではなく、今日でいえば助手にあたる役割をふりあてており、そのことはアルベルトゥスがこの時期に行った『神名論』およびアリストテレス『ニコマコス倫理学』についての講義の記録をトマスがとっていることに示されている。さらに、アルベルトゥスがトマスを自分の弟子たちのなかで最も優秀な者として高く評価していたことは、あとでのべるように、一二五二年にドミニコ会総長からパリ大学神学部教授の候補者を求められたとき、年齢的に問題があったにもかかわらず、トマスを第一に推薦したことからもあきらかである。

では、トマスは厳密な意味でアルベルトゥスの弟子であるといえるのか。トマスは現代風にいえば学部時代の後半から大学院にかけての七年間アルベルトゥスの指導を受けており、その点では間違いなくアルベルトゥスの弟子である。また福音宣教のための学問研究というドミニコ会の理想に関しても、アリストテレス哲学の意義を積極的に評価し、その研究を推進する企てに関しても、トマスとアルベルトゥスとの間には生涯を通じて緊密な協力関係が保たれていたのであり、その点に関してもこの二人の間には親密な師弟関係があったといえる。

しかし、この二人の学問探求の進め方をより詳細に比較すると、自然研究や論理学への関心の強弱といった相違のほかに、アルベルトゥスが自らの哲学的立場を自覚的に確立することなしに、多様な哲学説を神学のなかに持ちこむ傾向を示したのにたいして、トマスは存在や認識の根本問題についての自らの理解を一貫した仕方で深めることに努め、そこでかちとられた哲学的洞察にもとづいて独自の神学的綜合を成就したとの印象を与える。この時期の神学的状況について、一方においてはボナヴェントゥラによって代表される「アウグスティヌス学派」があり、他方にはアルベルトゥスとトマスによって代表される「アリストテレス学派」があった、という記述がなされることがある。それは概観として誤りではないが、さらに立ち入って考察すると、この二人は学風においても、個々の学説においても色々と重要な点で異なっていたことを見落としてはならないであろう。

伝記者たちはケルンで勉学を始めたトマスについて「かれは感嘆すべき仕方で口数少なく、沈黙を守り始めた」とのべており、このことはふつう、研究への専念と謙遜のしるしと解されている。しかし、バークによると、これは先生アルベルトゥスと自らの考え方との違いに気づいたトマスが、先生の見解にたいする賛成を保留し、自らの見解を軽々しくは表明しなかった慎重さのあらわれともうけとられる、という。それに、もともと無口なトマスにとって外国語の習得は苦手であり、そのことがますますかれの口を重くしたのではなかろうか。さらにこの頃故郷からもたらされる知らせはかれの心を重くしたであろう。当時、皇帝側から教皇側につくようになったアクィノ一族のなかには、トマスの兄レジナルドのように皇帝暗殺を企てて処刑されたり、ナポリ王国から追放される者もあって、家運は傾いていた。それに、南国出身のかれにとってケルンの冬は厳しく、秋から冬にかけてしばしば深い霧がライン河畔にたちこめるたびに、ナポリの明るい太陽と青い空にあこがれたことであろう。トマスの「沈黙」は、二〇代前半の才能豊かで多感な青年について多くのことを物語っているように思われるのである。

ケルン大聖堂

パリ大学教授候補として

一二五二年のはじめ、ドミニコ会の総長ヨハネス＝ウィルデスハウゼン（通称「テウトニクス」）はアルベルトゥス＝マグヌスにパリ大学神学部教授の候補者を推薦するよう依頼した。当時ドミニコ会はパリ大学神学部に二つの講座を確保しており、一つはブルターニュ地方出身のボンノーム、もう一つはプロヴァンス出身のエリアス＝ブルネが一二四八年以来担当していたが、神学教授は二、三年から数年の任期で次々と交替し、多くの教授経験者をつくりだす、というのがドミニコ会の方針であった。ヨハネスがアルベルトゥスに推薦を求めたのは、エリアスの後継者であり、これにたいしてアルベルトゥスはアクィノのトマス修道士が最適であるむね回答した。ヨハネスは七年前トマスをともなってイタリアからパリまで旅したことがあり、トマスの人物は熟知していたはずであるが、おそらくは年齢不足を理由に承諾をしぶった。そこでアルベルトゥスは前記のサン＝シェルのフーゴー（かれはその後、枢機卿に任ぜられ、当時教皇使節としてドイツに滞在していた）に働きかけ、その口ぞえでこの人事の実現にこぎつけた。

こうして、一二五二年の秋、トマスはパリ大学の規定にしたがってエリアスの下で教授就任のための要件をみたすために、ふたたびパリのサン＝ジャック修道院に移った。当時のパリ大学神学部の規定によると、教授候補者はまず聖書講師、ついで命題論集講師として、それぞれ一年ないし数年の間、聖書とペトルス＝ロンバルドゥスの『命題論集』について講義を行うほか、教授が「討論」を行うさいには、その場で参加者から提出される異論にたいして解答する役割がふりあてられていた。このような準備期間を経て、教授としての力量があることを立証した者に大学当局は教授する認可、つまり学位を授与し、ついで教授団はその者を同僚として受けいれる、というのが慣習であった。ワイスハイプルはトマスがパリ大学で聖書学講師を務めたことを示す資料は全くないとして、トマスは最初から『命題論集』の講義に着手したのだと主張する。しかし、一九七四年に刊行されたレオ版『イザヤ書逐語解』の序言によると、この著作はトマスがパリ大学聖書学講師として行った講義の記録であるとされており、われわれとしては、この時期、トマスはエリアスの指導の下にまず聖書（『イザヤ書』および『エレミヤ書』）について、ついで『命題論集』についての講義を行ったとの見解をとることにしたい。

修道会への反発

ところで、一二五二年秋、トマスを迎えたパリ大学神学部は歓迎あるいは友好の雰囲気からは程遠く、むしろ敵意に満ちていた。その年の二月、神学部教授団は明白にドミニコ会に標的をしぼって、パリ大学神学部においてはいかなる修道会も一つしか講座を保有できない、という新しい規定を設けていたのである。このような反ドミニコ会運動の背景には長年にわたる、神学部内部の（修道会に属しない）教区聖職者からなる教授団とシトー会、カルメル会、フランシスコ会、ドミニコ会などの修道会に属する教授たちとの間の反目の歴史があった。つまり、当初パリ大学神学部で教えていたのは修道会に属しない教区聖職者たちであったが、一二三〇年代になるとドミニコ会やフランシスコ会を先頭に修道会に属する教授が次々と出現し、使命感にもえるかれらの活躍に圧倒されて教区聖職者の勢威と人気はしだいに衰え、学生たちからも見放される傾向があった。しかし、教区聖職者教授団の修道士教授たちにたいする反発はたんにかれらの声望と人気にたいして向けられていたのではなく、かれらが大学の規則や慣行よりも自分たちの修道会の方針を優先させる傾向——たとえばストライキへの不参加——、さらにパリ大学を自らの影響力の下に置こうとするローマ教皇への奉仕と協力の姿勢などもこうした反発を招いた理由としてあげられる。

こうした不和・対立にもかかわらず、一二三〇〜四〇年代は目立った争いがないままに経過したのであるが、一二五二年、教区聖職者教授団はサンタムールのギヨーム（一二七二年没）が中心となって一挙にドミニコ会（およびフランシスコ会）にたいするあからさまな攻撃を開始した。その第一弾がさきにのべた講座数制限の規定であり、翌年には教授団の規則に従うむねの宣誓を拒否する（修道会所属の）教授たちを教授団から追放するとの決定を行ったのである。これらの攻撃にたいしてドミニコ会側は、当初はローマ教皇（インノケンティウス四世およびアレクサンデル四世）の庇護《ひご》を受けつつ、それらを無視する態度をとったのであるが、一二五四年フランシスコ会司祭ボルゴーサン−ドンニーノのゲラルドゥスが書いたフィオーレのヨアキム入門書が敵側に願ってもない火種を提供したことがきっかけとなって、問題は大学における講座の争いから、ドミニコ会やフランシスコ会など「托鉢《たくはつ》修道会」の存在理由そのものが問われるところまで深刻化した。ドミニコ会側が事態をいかに危機的なものと受けとめたかは総長フンベルトゥス＝デ＝ローマンスが修道会全員に宛てた書翰で「（ドミニコ会）修道会の全体を破滅させようとする悪魔的な陰謀が企てられている」と指摘し、全員が一致して事にあたり、熱烈な祈りをもって神的扶助を請願するようにと訴えていることからも推察される。ドミニコ会にたいする攻撃はたんに言論や文書によるものにはかぎられなかった。一二五五年から五六年にかけては、サン＝ジャック修道院の修道士たちはサンタムールのギヨームに扇動された聖職者たちや学生たちの暴力をおそれて食物を手に入れるために修道院の外に出ることすらできず、国王ルイ九世（在位一二二六～七〇）は修道士たちの安全のために一時期、警備兵を駐留させたほどであった。

「軽薄で無意味」

この間、トマスは聖書および『命題論集』の講義を行っていたわけであるが、それらの成果については後にのべることにして、ここではドミニコ会ないし托鉢修道会の理念そのものを攻撃したサンタムールのギヨームの扇動的な文書『近時の危険について』（一二五五）にたいする反駁として一二五六年に書かれた『神の礼拝と修道生活を攻撃する者共にたいして』と題する論争的著作にふれておくことにしたい。

この書物は、著者の意図をあきらかにしている序言およびエピローグのほか二六の章からなり、（論争の書としては）かなり長大なものであり、聖書註釈書、教会法関係資料、および教父たちの著作からの引用が豊富で、若い学者が自らの修道会の弁護のために全力を傾注しようとする意気込みが感じとられる。他面、研究者たちの見解によると、この著作は十分に整理されておらず、かれの後期の論争的著作の冷静で、抑えのきいた論述にくらべると見劣りがする、という。たしかに、この著作のなかでトマスはかなり激しい言葉をつかっている。たとえば序言で、修道会を攻撃する人々を「神の栄光と人間の救いをねたむ悪魔」に仕える「悪魔の奉仕者」と呼び、かれらはまさしく神に敵対する者共である、ときめつける。そして、かれらはドミニコ会を世界から排除するために次のことを企てている、と告発する。(1)敵に抵抗することも聖書のうちに霊の慰めを見出すこともできないよう、研究と教授活動を取り上げる、(2)修道者たちを学生たちの交わりから排除する、(3)説教や聴罪の活動を妨害する、(4)本来の使命を遂行できないよう肉体労働の重荷を課する、(5)托鉢にたよる清貧の理想に汚名をあびせる、(6)修道者たちがそれでもって生活している施しを取り上げようとする。そのあとで、トマスは著作の意図について次のようにのべている。

「それゆえ、上述の悪意を抱く者共の悪行を抑止することを意図しつつ、われわれは次の順序に従って論を進めよう。すなわち、第一にわれわれは修道生活とは何であり、修道生活の完全さは何に在るかを示そう。なぜなら、かれらの意図の全体が修道者たちに反対することにあると思われるからである。第二に、かれらが修道者たちを攻撃するさいの議論が軽薄で無意味であることを示そう。第三に、われわれはかれらが修道者たちの名を汚そうとするやり方が邪悪であることを示すであろう。」

「軽薄で無意味」はこのあとトマスの著作でほとんど全くといっていいくらい用いられることのないトマスにしては激しい言葉である。「それゆえ、これらの事柄から自らを清める者は、すなわち、かれらの邪悪さに同意しない者は――『テモテへの第二の手紙』第二章第二一節で言われているごとく――貴いことに用いられる器《うつわ》になり、聖なるもの、主人に役立つもの、あらゆる善い業のために備えられたものとなるであろう。だが、盲人が盲人に従って歩むように、かれらに同意する者共は、かれらと共に穴に落ちこむであろう。ここにのべたことが、神の助けによって、われらがその穴から救われるのに十分でありますように。神に崇敬と感謝が世々にあれかし。アーメン。」サンタムールのギヨームの扇動に乗ってドミニコ会を攻撃するグループを「盲人が盲人に従って歩む」ようなものと痛烈に評しているところにも、修道生活にたいする無理解と根拠のない中傷に立ち向かう若いトマスの心情を読みとることができるであろう。

聖書学講師として

さきにふれたように、トマスは一二五二年に聖書学講師に任ぜられ、『イザヤ書』についての講義を行った。この講義は教授が行う聖書についての詳細な釈義のための入門あるいは準備としての役割をふりあてられているもので、時として重要な概念についてかなり詳しい説明を加えることがあるが、もっぱら聖書の字句についての簡単な解説を内容とするものである。ここではこの時期のトマスの講義ぶりの一端にふれるために、かれが預言的な幻についてのべている一節に目をむけよう。

第三の点（預言的幻と他の諸々の幻との相違）については、すべての知的幻が預言的幻であるのではないことを知らなくてはならない。というのも、理性の諸原理によって不可視なるものを観想する場合のように、知性の自然本性的な光によって十分にかちとられるような何らかの幻があるからである。そして哲学者たちはこの観想のうちに人間の最高の幸福があるとしている。さらに、現世において聖者たちが手にする幻のように、人がそれへと信仰の光によって十分に高挙されるような何らかの観想がある。さらにまた、至福なる者が天国において手にする何らかの観想があり、知性はそれへと栄光の光によって高挙され、至福の対象であるかぎりにおいて、神をその本質によって見るのである。このことは、十全かつ完全な仕方では、天国においてしか実現されないが、時としてある者はこの可死的な生においても脱魂の状態でこの観想へ高挙されることがあり、『コリント人への第二の手紙』第一二章第二節で「わたしは、キリストに結ばれていた一人の人を知っていますが、その人は一四年前、体のままか……」（という一節で語られている）パウロの脱魂において起こったのがそれであった。『註釈』はこの箇所で、パウロは第三天にいる人々のように見たのだ、とのべている。しかし、これらのうちのいずれも預言的幻ではない。なぜなら預言的幻のためには自然本性の光も信仰の光も十分ではなく、預言者の知性は、預言の賜物であるところの無償の恩寵の光によってそれへと高挙されるからである。とはいえ、それ（預言者の知性）はまだ至福の対象であるかぎりでの神を見るところまで到達しているのではなく、この世界における人々の秩序づけにかかわる事柄の理念であるかぎりでの神を見るのである。同様に、すべての身体的あるいは表象的な幻が預言的といわれるのではなく、ある将来のことの予表――それを理解するのが当の視る者であるにせよ、他の者であるにせよ――たるべく、とくに神の力によって定められた形象によって成立する幻のみである。

ここで説明されている預言的幻については、後に『真理論』および『神学大全』において詳細に考察されており、それらを比較しながら読むことによってトマスの探求と思索の進展をたどることができる。実はこの『イザヤ書註解』の数年後に書かれた『真理論』第一二問題第六項でトマスは、預言者たちがみるのは「永遠性の鏡」に映ったものである、という（パリ大学）教授たちの説にふれて、それの正しい解釈を提示している。そこでかれ自身『イザヤ書註解』でのべたことを訂正しているのである。すなわち、こうした教授たちの説にもとづいて、預言者の知性は至福の対象であるかぎりでの神を見るところまでは到達せず、被造物の理念たるかぎりでの神を見ている、とのべたことについてそのことは不可能である、と明確に指摘している。さらに約一〇年後に書かれた『神学大全』第二―二部第一七三問題第一項でも同じ見解にふれて、そのことは「全く不可能である」とあらためて強調している。トマスがその探求の進展のなかで自説を修正ないし訂正した例はいくつもあげることができるが、ここにもその一つを見ることができよう。

命題論集講師として

トマスはおそらく一二五三年には命題論集講師に任命されて、一二五六年まで『命題論集』の講義を行っている。中世大学の神学部で教科書として用いられたこの著作はペトルス＝ロンバルドゥスが一二世紀の中頃、キリスト教の主な教えについての教父たち（主としてアウグスティヌス）の見解を、かれ自身の解説を加えながら編集したもので、それぞれ三位一体、創造、キリスト、秘跡《サクラメント》を主題とする四つの巻から構成されている。ペトルスはものとしるし、享受と使用という、二対のアウグスティヌス的原理にもとづいてこの著作を構想しており、トマスもそれを尊重しながら論述を進めている。しかし後にかれ自身の神学的構想を結実させた『神学大全』の構成原理、すなわち神からの万物の発出、神への万物の還帰、およびその道であるキリスト、という新しい考え方もすでにとりいれられており、この時期すでにかれの独創的で壮大な神学的総合の基礎となる洞察がかちとられていたことを示している。

トマスの講義は、その「新しさ」によって学生たちに強烈な印象を与えたらしく、伝記者たちはそろってそのことを報告している。たとえば、グイのベルナルドゥスは「神はかれ（トマス）の教えにいとも豊かに恩寵を注がれたので、学生は驚嘆し、勉学への熱意をもやした。というのも、トマスは講義にさいして新しい主題を導入し、解決の新しい方法を見出し、解決をうらづけるための新しい論証を創出したからである。こうして、かれの講義を聴いた者のうち、だれ一人として神がかれを新しい光で照らしだしたことを疑う者はなかった」と語る。また、トッコのギレルムスは新しい主題、新しい解決方法、新しい論証、新しい教え、疑問解答のための新しい議論、新しい照明、新しい見解、新しい霊感など、「新しい」という修飾語を八回もくりかえしており、トマスの講義の「新しさ」をいやが上にも強調する。ペトルス＝カルスもほぼ同じ表現を用いている。

トマス思想の「新しさ」

では、このようにも聴講者たちに強烈な印象を与えたトマスの思想の新しさとはいったい何であったのだろうか。例を、キリスト信者にとって（というよりは、神を信じるすべての者にとって）もっとも親しみ深い、それだけにわかりきったことという感じを与えやすい「祈り」の概念にとってみることにしよう。祈りについては初代教会以来、様々な人々が、色々なことを論じてきた結果、トマスが教授活動を始めた頃には、いったい「祈りとは何か」という問いに明確な答えを与えることはきわめて困難な状況がつくりだされていた。トマス自身は『命題論集註解』第四巻で「祈りとは何か」という問いを取りあげるにあたって、次のような多様な考え方を紹介している。(1)祈りは神へ向けられた精神の敬虔な愛（アウグスティヌス）、(2)祈りとは悔いから生ずる何らかの信心（サン-ヴィクトルのフーゴー）、(3)祈りは命令と同じく意志の働き、(4)祈りの本質は願望、(5)祈りはわれわれの望みを神に明示すること、(6)祈りはふさわしいことを神に請願すること（ダマスコのヨハネス）、(7)祈りは観想の一部（サン-ヴィクトルのフーゴー）、(8)祈りは神への精神（知性）の上昇（ダマスコのヨハネス）、(9)祈りは悔みのうちに歎きの声を発すること（教皇グレゴリウス一世）、⑽祈りは信仰、希望または愛の働き。つまり、祈りの本質は愛、願望、意志などのように広い意味での欲求に属するのか、それとも望みの「明示」、「精神の」上昇などの言葉でいいあらわされているように理性の働きなのか、それは何か具体的なことを神に請願することなのか、それとも観想、信仰、希望、愛においてひたすら神との一致を求めることなのか、という問題意識であり、トマスはかれの時代の「祈りの神学」に関する問題状況をそのように捉えていたのである。

トマスの講義の聴講者たちはそうした祈りの本質についての多様な見解を耳にしたことがあり、とくにトマスの師アルベルトゥスが祈りの本質を人間の情意的な面で捉えていることを知っていたであろう。そのような聴講者にとって、トマスが祈りは根本的に請願であり、われわれの願いが聴き届けられることをめざす働きである、と明快にのべ、そして請願は命令と同じく、人が自ら願っていることを実現するための「関係づけ」であり、あきらかに理性の働きであると主張したのは、たしかに新鮮な驚きであったにちがいない。トマスは請願としての祈りが真に有効であり、祈りは聴き届けられるものであること、いいかえると、請願している結果が実現されるについては祈りという働きの因果性が役割を果たしていること、その意味で祈ることのふさわしさを立証し、しかもそのことは祈りが神を「動かす」――あたかも人間が神を「操作する」かのように――ことを意味するのではないことをあきらかにする。むしろ、祈ることによってわれわれはすべてが神に依存していることを告白し、われわれを神に完全に従属させるのであり、その意味で祈りはすぐれて「敬神」の行為であることをトマスはあきらかに示す。トマスはこの後祈りの神学と取り組むことを通じて「オリゲネス以来、とびぬけてもっとも明晰《めいせき》で一貫的な祈りの理論」(タグウェル)をうちたてることになるが、その基本的な見通しはこの時すでに確立されていたのであり、聴講者たちがその「新しさ」に目を見はったのは当然であったといえるのではないか。

『自然の諸原理について』

トマスはこの時代に『自然の諸原理について』および『有と本質について』と題する二つの哲学的小著作を書いている。前者については多くの写本において、「修道士シルヴェステルのために」(シルヴェステルがいかなる人物であるかは未詳であるが)と記されており、後者については古い著作目録に「修道士および同僚のために」書いたと付記されているところから、トマスがこれらの書物を書いたのは哲学、とくにアリストテレスの自然学や形而上学を学ぶ同僚や後輩を助けるためにであったと推察される。ケルン時代、トマスが同僚学生のために個人教授を引き受けたエピソードについてはさきにふれたが、この二つの小著作はこの時期トマスのうちに形成されつつあった思想について教えてくれると同時に、トマスの人物あるいは生き方についても語るところが多いといえよう。

『自然の諸原理について』は題名が示すようにアリストテレスが自然的事物を構成する原理、およびそれら事物を成立させる原因として提示した形相、質料、作動因、目的因をめぐる説明が主な内容であるが、それらを理解するための前提あるいは枠組である可能態と現実態、原理（根源）と原因などの概念についても簡潔に説明を加えている。さいごに、自然的事物についての考察・探求の論理学的な側面としての述定（述語づけること）の問題にふれ、同名同義、および類比という述定の異なった種類についてのべ、そのことと数として同一であること、種として、類として、および類比に即して同一であることを関係づける。その上で有が類比的に述語されるということの意味についても説明を加えているのである。これらの説明は自然学および形而上学の基礎概念についてトマスが正確な理解に達していたことを示すものであるが、とくにかれの立場の独創性を示しているとはいえない。

形而上学的革命
『有と本質について』

ところが右の著作の一、二年後に書かれたと推察される『有と本質について』は、たんに同僚修道士たちのために形而上学の基礎概念あるいは主要な学説を解説したものではなく、むしろトマス自身があらたに獲得した形而上学的な洞察にもとづいて、当時さかんに論議されていたいくつかの哲学的問題にたいする独創的で大胆な解答を試みたものである。この著作の優れた英語訳を出版した著名な中世哲学史家A＝マウラーは『有と本質について』の哲学史的意義について次のようにのべている。「こんにちのわれわれは、この著作の感情をおさえた、没個人的なスタイルのために、そこで戦われている哲学的対決のドラマ、およびそこにふくまれている哲学的思索における著しい進展に気がつかないかもしれない。しかし一三世紀中頃パリ大学で活動していた哲学者たちにとっては、この著作は批判と挑戦をつきつけるものであった。この若い、俊敏なドミニコ会修道士は先人たちや同時代人たちの英知に大いに依存していただけでなく、かれの時代の最も著名な思想家たち（ギヨーム＝ド＝オーヴェルニュ、ハレスのアレクサンデル、ロジャー＝ベイコン、ボナヴェントゥラなど）の学説を疑問視し、自らの独創的な形而上学的洞察でもってその時代のもっとも緊急な諸問題に光をあてていたのである。……一言でいうと、この短い論考においてかれは形而上学における革命――その意義はかれが『対異教徒大全』と『神学大全』という二つの大作を書いたときにはじめて十分に評価することができるようになるのだが――のプログラムを提示していたのであった。」

ここでマウラーが「形而上学における革命」というのは、形而上学的探求が行われる場を、それまでのアリストテレス主義者の「実体」や新プラトン主義者の「形相」ないし「本質」から、最高の現実態ないし完全性としての「存在」へと転換させたことであり、「緊急な諸問題」というのは、たとえば普遍と述定、個体化の原理、精神的実体と質料、心身合一と霊魂不滅、などの問題であった。じっさい、マウラーも指摘しているように、この著作でまだ三〇歳にならないトマスは、アリストテレス、イスラム教のアヴィケンナ、アヴェロエス、ユダヤ教のアヴィケブロン、「最初のス

ノートルダム大聖堂　パリ

コラ学者」ボエティウス、新プラトン派の著作などを引照しながら、ごくあたりまえのことをのべているかのように淡々とした口調で、きわめて論争的で挑戦的な議論を展開しているのである。

次に、二〇歳代のはじめにパリ大学の活気あふれる知的雰囲気に接触してから約一〇年たち、いまやその大学の神学部教授の重責を担いうるところまで学問的に成長したトマスの姿をたしかめるため、『有と本質』のなかの有名な一節を引用しよう。

トマス形而上学の源泉
——存在《エッセ》そのものである神

「ある本質あるいは何性の理解にふくまれていないところのことは、すべて外から来て、本質との複合に入る。なぜなら、いかなる本質も本質の諸部分であるところのものなしには理解されえないからである。しかるに、すべての本質もしくは何性は、そのものの存在《エッセ》について何ら理解されなくても、理解されうる。というのも、私は人間が何であり、不死鳥が何であるかを理解して、しかもそれが実在界において存在《エッセ》を有するかいなかを知らない、ということが可能だからである。それゆえに、存在《エッセ》が本質あるいは何性とは異なっていることはあきらかである——それの何性がそのものの存在《エッセ》そのものであるような何らかのものがあるのでなければ。そしてこのようなものは一つにして第一のもの以外にはありえない。……かくして、自らの存在（そのもの）であるようなそうしたものはただ一つしかありえないとの結論が生ずる。……

しかるに、あるものに属するものは、そのものの自然本性の諸原理からして原因されたものであるか（人間における笑う能力のように）、あるいはある外的な原理から来るものであるか（空気中の光が太陽〔光源〕の流入によるものであるように）、である。しかし、あるものの存在《エッセ》がそのものの形相あるいは何性によって原因される——私が「原因される」というのは作動原因によってという意味であるが——ことは不可能である。なぜなら、その場合にはあるものは自分自身の原因であることになり、自分自身を造りだすことになろうが、それは不可能だからである。それゆえに、それの存在《エッセ》がそれの自然本性とは異なっているような、そうしたものはすべて、他者から存在を得るのでなくてはならない。そして他者によってあるものはすべて、自らによってあるものへと、第一原因へのように、還元されるのであるから、自らはただ存在《エッセ》のみであることによってすべてのものにとってそれらが存在《エッセ》することの原因であるようなあるものがなくてはならない。そうでなかったら、諸々の原因の系列が無限に進行することになろう——なぜなら、前述のようにただ存在《エッセ》のみではないものは自らの存在《エッセ》の原因をもつものだからである。それゆえに、知的実体は形相と存在《エッセ》（の複合体）であり、存在《エッセ》のみである第一の有から存在《エッセ》を得てくることはあきらかである。そしてこの第一の有が神であるところの第一原因である。」

この一節でトマスはわれわれが理解している事物において本質あるいは何性と存在《エッセ》とが異なったものであることから、そのような事物すべてが存在《エッセ》することの原因として、存在《エッセ》そのものであるものがただ一つなければならないことを論証し、それが第一の有、第一原因としての神であると論じている。この議論は神存在の論証として提示されているのではないが、われわれの形而上学的な世界理解、あるいはむしろ存在理解のなかに、われわれが神と呼んでいるものを明確に位置づけているとの意味で、それは形而上学的な神存在論証である。いいかえると、トマスが構想した形而上学においては神が対象として考察されることはないが、神は常にこの形而上学の全体を可能ならしめるものとして前提され、肯定されている。すなわち、この形而上学は神こそは存在《エッセ》そのものである、という洞察によって支えられ、導びかれているのである。いうまでもなく、トマスはこの後、存在《エッセ》をめぐる思索をさらに深めていくことになるが、存在《エッセ》の形而上学の基本的構造はこの時期にすでに確立されていた。右に引用した一節はそのことをあきらかに示しているといえよう。

このように一二五六年の春には、トマスはパリ大学神学部教授に就任するための必要条件をすべて満たしていたが、かれが居住し、講師として講義を行っていたサン-ジャック修道院をとりかこむ空気は依然として険悪で、かれが教授団の一員として認められ、教授としての完全な資格と権限をもって活動を開始できたのは、さらに一年以上たってからのことであった。

Ⅳ　神学教授として

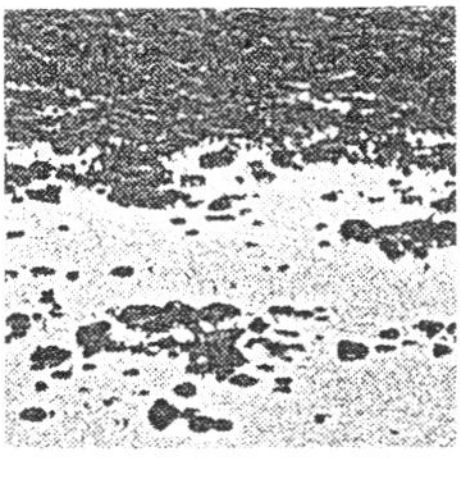

トミズムの誕生

『パリ大学公文書資料集』には、ローマ教皇アレクサンデル四世（在位一二五四～六一）がパリ大学総長ヴェイルのアイメリクに宛てた一二五六年三月三日付の書翰が収録されており、このなかで教皇は、総長が自らの発意で（つまり教皇による要請をまつことなく）トマスの神学部における教授資格を認定したことを賞讃している。この資格認定は、文字通り、当該学部で教授してもよいという免許《ライセンス》であり、こんにちの博士学位記にあたるものといえよう。当時の大学の慣習では、このように大学当局による資格認定を受けた教授候補者は、ついで教授と学生から構成される大学共同体の場で自らの教授としての資格を公けに立証しなければならなかった。これが「開始」と呼ばれた教授就任式であり、現在、ヨーロッパやアメリカの歴史の古い大学で行われる学位授与式《コメンスメント》（これも同じく「開始」を意味する）は色々な点でその名残りをとどめている。

教授資格の認定

ところで、教皇アレクサンデル四世のもう一つの書翰（一二五六年六月一七日付）によると、四月あるいは五月に行われたトマスの教授就任式も反対派の妨害を受け、外部から就任式に出席するためサン―ジャック修道院にやってきた人々は路上で反対派の教授や学生たち、およびかれらにそそのかされた群衆による吊し上げ、暴行を覚悟しなければならなかった。この時期、若いトマスが同僚の修道士たちから寄せられる期待と、修道院をとりまく緊迫した、敵意に満ちた雰囲気のなかで、自分がまさに引き受けようとしている職務の重みに堪えることができるかどうか、不安に陥ったとしても不思議ではない。トッコのギレルムスが伝える次のエピソードはこうしたトマスの心の動揺を物語っている。

「学習過程が熱心かつ実り豊かに修了され、神学講師たちがパリ大学総長によって資格認定されるべき時がきたとき、慣習的に定められていた年限は満たしていなかったにもかかわらず、総長は説教者修道会（ドミニコ会）のパリ修道院長にたいして、慣習的な順位を無視して前述のトマス修道士に神学教授に就任するための準備にとりかかることを命令するように指示した。かれ（トマス）は謙遜に学識と年齢の不足を理由に固辞したが、従順の誓願の下に生きている者として、自分の意志をおし通すことはできなかった。そこでかれは、自らに課せられた重荷を謙遜に引き受け、いつもの祈りの場所に退いて、ひれ伏し、涙と共に、これまでそれに値いしない我が身に多くの恩寵を授けたもうた神に、教授職を引き受け、遂行することができるよう、知識と恩寵を注ぎ込んでくださるよう祈った。そして『詩編』（12・1）の《神よ、私を救って下さい。人の子の間から真理は消えうせてしまいました》という言葉を唱えはじめ、長い間、涙を流して祈っているうちに眠りに落ちた。すると、見よ、天からの使者として、大いに尊敬されている同じ修道会のある年老いた修道士が、かれのもとにつかわされて、こう言った。《修道士トマスよ、汝はかかる涙をもって神に何を祈り求めているのか》。かれは答えた。《私に教授職の重荷が課せられましたが、私の知識はそれを担うのに十分ではないからです。しかも私は自分の就任講義のテーマを思いつくことすらできないのです》。老人は言った。《見よ、汝の祈りは聴き入れられた。教授職の重荷を引き受けよ、神は汝と共にいますからだ。そして、汝の就任講義のためには「汝はその高みより木々に水を注ぎたまい、地は汝のもろもろの業の実《み》によりて飽かされん」(『詩編』103・13)をテーマにせよ》。この言葉が発せられたとき、トマスは目覚め、かくも速やかに祈りを聴き入れたもうた神に感謝した。まことに、この言葉は就任講義のテーマとなったのみではなく、かれの探求全体の基盤を示すものである。というのも、かれは神についての思索という山々から受け取ったものによって、全教会をあたかも神的種子が播《ま》かれた耕地を知恵の雨でもってうるおすように、満たしたからである。」

この物語はトマスにかかわる諸々の物語のなかで最も人気のあるものの一つであり、初期の伝記のすべてにあらわれるのみでなく、列聖調査手続きのさいにも、トマスの臨終に立ち会った修道院長やトマスの近親者が、トマス自身からこのことを聞いたと証言している。夢にあらわれた神からの使者――この老修道士はドミニコ会創立者聖ドミニクスその人であった、とトマス周辺の人々は信じていたと伝えられるが——から就任講義のテーマを示される、という物語はあまりに型通りの聖人物語だ、と感じる人が多いかもしれないが、私はそこに、生涯の大きな危機に直面して思い悩むトマスの、いわば生《なま》の声を聞きとることができるように思う。

教授就任講義

いずれにしても、トマスは夢の中で示された通り、『詩編』第一〇三、第一三節のテーマについて就任講義《プリンチピウム》（「始源」）を行った。このテーマとは端的に「神学教授の職務」であって、トマスはこのテーマを(1)（神学教授、つまり聖書にふくまれている神の知恵を伝える責務をおびている者が伝えるべき）霊的な教えの深遠さ、(2)それを教える者の尊厳、(3)聴講者に要求される条件、(4)この教えが伝達される順序、の四つの要素に分けて展開している。すなわち、

「われわれは感覚によって、雲の高みから雨が降りそそぎ、それによってしめらされた山々から川が流れ出し、それらの川にうるおされて地は肥沃《ひよく》になるのを見てとる。それと同時に、神的知恵の高みからして、山々によって表示される教師たちの精神はうるおされ、かれらの奉仕によって神的知恵の光は聴講者たちの精神にまでもたらされるのである」（序言）。

中世の大学の授業風景

トマスは右の四つの要素のそれぞれについてさらに三つのことがらを区別しつつ、整然と議論を進めているが、とくに第二の神学教授の尊厳について、山にたとえられた教師たちはそびえる山々の高さ、輝き、堅固さにふさわしく、(1)生活の卓越性、(2)精神の明澄さ、(3)（反対者にたいして信仰を擁護することのできる）堅固な弁証の力をそなえていなければならないとのべ、それら三つの要件を、当時の神学教授の三つの主要な職務であった説教し、講義し、討論すること、に対応させているのが注目に値する。さらに聴講者に要求される条件として、謙遜に教えに耳を傾けるべきことはいうまでもないとして、聴いたことがらについて正しく判断することを怠ってはならない、とのべて、批判的精神の重要さを指摘していることも見落としてはならない。耳で聴いたことが真理であるかいなかを判断するための光は、すべての人間の理性に自然本性的にそなわっている、というのがトマスの認識および教育・学習に関する理論の基本的立場だったのである。また、そのことに対応して、トマスは神学教授、そして一般にすべての教師が、真理の伝達者であるかぎり侵すことのできない尊厳を保持していることを強調すると同時に、自らの力によって真理と知恵を伝達しうる、つまり全き意味で教師であるのは神のみであって、人間である教師たちはそのような神の業に奉仕するかぎりにおいてのみ真理の伝達者であることを指摘する。この点は、後に『真理論』(11・1)および『神学大全』（I、117・1）の教師論において詳しく考察されているが、トマスがこのように就任講義において自らの教育哲学ともいうべきものの基本思想をあきらかにしていることは、トマスという人物について知る上でもきわめて興味深い。

つまり、トマスは就任講義において何について語るべきか様々に思い悩んだ末、自らが引き受けようとしている神学教授の職務そのものについて正面から、堂々と語ることをえらんだのである。それはある意味ではあまりに平凡な選択であるが、それについてふさわしく語ることはきわめて困難であり、非凡な才能を必要とする。そのことをあえて、しかもいささかの気負いもなく試みているところにトマスがいかなる人物であったかが示されているように思われるのである。

聖書と肉体労働についての討論

ところで、トマスが教授就任にさいして行った講義ないし討論は右に紹介したものだけに限られていたのではなく、かれは就任式における一連の講義・討論において聖書研究の勧め、および聖書の区分に関する講義を行ったほか、聖書の（言葉の）意味、および肉体労働に関する討論をも行ったのである。このうち、聖書に関する講義と討論は聖書はいかなる書物であり、どのような内容をふくんでいるか、またそこで用いられている言葉はどのような意味を有するかについてのよくまとまった概観であり、聖書の釈義をもって主な職務とする神学教授が就任にあたって第一にとりあげる主題としてふさわしいものといえよう。トマスは聖書の字句について二つの意味、すなわち「歴史的もしくは字義的」と「霊的」を区別し、後者をさらに「寓意的」「道徳的」および「天上的」の三つに分けるが、これらのうちで基本的なのは、言葉が事物を表示する場合、つまり字義的な意味であることを明確に主張する。

これらにたいして肉体労働はきわめて論争的な主題であった。なぜなら、ドミニコ会やフランシスコ会のような托鉢修道会に属する教授をパリ大学から排除しようと試みていた反対派の言い分の一つは、托鉢修道会の修道士が肉体労働ができるにもかかわらず、それを避けて、喜捨に頼ることによって生活を支えているのは社会の厄介者になり下がっていることであり、キリストの福音に従って完全な生活をめざすという主張とくいちがっている、というものだったからである。トマスはこの反対派の言い分にたいして、肉体労働はけっして万人にたいして課せられている道徳的責務ではないことをあきらかにした上で、説教とか聖書の釈義のような霊的活動は社会の共同の福祉ないし共通善の実現に寄与するものであり、これらの活動に専念する者が当の社会によって生活を保障されるのは当然である、と反論している。

このように見てくると、当初トマスは年齢不足に加えて不穏で敵意に満ちた大学の雰囲気に直面して、自分が引き受けようとする職務の重圧にひるんだのであるが、ひとたび決意した後は完璧な陣構えをもって戦いに臨んでいる。トマスが教授就任にあたって書いた一連の著作を、その当時のパリ大学という歴史的文脈のなかで読むと、それらはかれの思想についてのみでなく、かれの人となりについても多くのことを開示してくれるのである。

このように一二五六年春にトマスは正式にパリ大学神学部で教授する資格をえたのであるが、サンタムールのギヨームを中心とする托鉢修道院に反対する勢力は依然として強力で、トマスも、すでに一二五三年に教授資格を取得していたフランシスコ会のボナヴェントゥラも神学部教授たちの共同体への加入を拒否され続けた。大学内の托鉢修道会攻撃が下火になったのは一二五六年一〇月にギヨームの『近時の危険について』がローマにおいて断罪され、ギヨームがフランス国王ルイ九世によってパリから追放されてからであって、一二五七年夏には反対派は自分たちの敗北を認め、托鉢修道会にたいする攻撃をやめることを公けに宣言し、トマスおよびボナヴェントゥラを教授共同体に受けいれたのである。このことをあきらかに示している記録は、一二五七年八月一二日、パリのフランシスコ会教会において神学部教授団を代表してブーヴェーのクレティアンが行った、ローマ教皇の命令に従って、今後は托鉢修道会にたいする反対活動をいっさい行わず、トマスとボナヴェントゥラを教授として受けいれ、この二人がパリに居住する教授や学生たちによって善意をもって受けいれられることを保証する旨の公式宣言である。したがって、トマスは一二五七年秋から一二五九年春、後任のイングランド出身のドミニコ会員オルトンのウィリアムにその職をゆずるまで、神学部教授団の一員として講義、討論、説教の活動を行うことになる。しかし、托鉢修道会にたいする攻撃は、ローマ教皇の介入によって一時的におさえこまれたにとどまり、一一年後にふたたびパリ大学において燃え上がることになる。そのことがトマスが

反対派の動き

再度パリ大学神学部教授の職につく主な理由ともなったのである。

聖書講義と討論

さきにふれたように、トマスは教授就任講義の中で神学教授の三つの主要な職務は、講義し、討論し、説教することであるとのべているが、第一の職務である講義は文字通り「読む」こと、つまり重要なテクストを読み、その意味をあきらかにすることであり、神学教授の場合、テクストとは聖書にほかならなかった。トマスが第一回パリ大学教授時代に旧・新約聖書のどのテクストについて講義を行ったかは確定できないが、旧約聖書では『イザヤ書講解』が聖書講師時代のものではないとしたらこの時期に属し、新約聖書では『マタイ福音書講解』がおそらくこの時期のものであろうというのが通説である。釈義にあたって最もひんぱんに引照されているのはアウグスティヌスであるが、それに続いて多いのがギリシア教父のヨハネス＝クリュソストモスである。そのほか教科書として用いられていた『註釈《グロッサ》』のみでなく、ヒエロニムス、グレゴリウス（マグヌス）、オリゲネス、ヒラリウス、ラバヌス＝マウルスなどへの引照も多く、若い神学教授が全力を傾けて聖書講義の職務に取り組もうとしている意気込みが感じられる。

しかし、この時期のトマスの仕事で今日のわれわれに最も強烈な印象を与えるのは、討論するという職務との関係でうみだされた著作である。討論には通常の授業の一環として行われる「定期討論」（あるいは「正規討論」）と、降誕祭および復活祭のまえの週に一般公開で行われる「任意討論」

（「自由討論」）の二種類があった。有名な中世哲学史の研究者であるピエール＝マンドネはこの前者がどのように行われたかを次のように描写している。

「教授が討論を行う朝は、当の学部の他教授たちや講師たちの講義はすべて休講となった。討論を行うことになっている教授だけが聴講者が集まってくるのに時間的余裕を与えるため、短い講義をした。こうして討論がはじまり、ほとんど午前中つづいた。学部のすべての講師と、討論を主宰する教授について学んでいる学生は、すべて出席しなければならなかった。他の教授や学生たちの出席は任意であったが、当の教授の評判および論題の如何で数の多寡《たか》はあっても、かれらも出席したことは疑いない。パリ在住の聖職者たち、たまたまパリに滞在していた司教や、その他の高位聖職者たちも、この時代の人々の心を強くとらえた、これらの学問的な「馬上槍試合」に出席するのを無上の悦びとした。討論は聖職者にとっての競技大会だったのである。

討論されるべき問題は、あらかじめ、討論を主宰する教授によって決定されていた。討論およびその日時は、学部の他の講座においても告示されていた。かなり多岐《たき》にわたる問題を、ひとりの教授がとりあげることもあった。というのは、通常、教授は年間わずかの討論を主宰するにとどまったからである。

討論は教授の指揮下にあったが、厳密にいえば、教授は討論に参加しなかった。むしろ、解答の任にあたったのはかれの講師であって、講師はこの種の練習でもって見習修業をはじめたのである。提出される異論は、通常、種々の異なった思想傾向を代表するものであって、最初は出席の教授たちによって、ついで講師たちによって、さいごに事情が許せば学生たちによって提起された。これらの異論に講師が解答を与え、必要に応じて教授の支援を受けた。」

補足すると、右でのべられているのは討論の第一部であり、つぎの講義時間に教授が行った「確定（解答）」がその第二部であった。すなわち、教授は討論において提起された異論を整理し、自分がとろうとしている立場の支えとなる権威あるテクストないし議論（反対異論）を提示した上で、当の問題に関する自らの見解をのべ、最後に異論のそれぞれに解答を与えたのである。このような「確定」を行うことができるのは教授のみであり、こんにち『定期討論集』として残されているのは、じっさいに教室で行われた討論の速記録ではなく、教授による「確定」の内容を書き記したものである。

独自の神学的総合の先取り『真理について』

トマスが一二五七年から五九年の間にパリ大学で行った定期討論は、二九の討論された問題（そのうちの長いものは一五ないし一七の項、短いものは二ないし三の項からなる）をふくんでおり、それらは『真理について』という表題の下にまとめられている。この表題は第一問題からとられており、それにつづいて神の知、イデア、「言葉」、天使の認識、(人間) 精神など、主として認識にかかわる問題が第二〇問題「キリストの霊魂の知」まで取りあげられる。第二一問題「善について」の後は主として欲求に関する問題が第二六問題「霊魂の情念について」まで考察され、最後の三つの問題 (第二七〜二九問題) においては恩寵の問題が論じられている。

現代風の考え方からすれば、「真理について」という表題をもつ論文集のなかに善および意志・欲求にかかわる論文がふくまれていること、さらに摂理、予定、『生命の書』、預言、脱魂、信仰などに関する論文がまじっていることは、全体の構成に統一と緊密な相互連関が欠けているとの印象を与えるかもしれない。さらに、『真理論』が恩寵についての考察でもって結ばれていることの必然性や意味を見出すことも困難であろう。この最後の点に関して、『真理について』のドイツ語訳をものしたエディット＝シュタインの言葉は注目に値する。「真理についての諸探求がこのような仕方で (恩寵論をもって) 終幕をむかえることは驚くべきことであろうか。この著作全体の精神を思いうかべるならば、そうではないのではないか。この著作は、第一のもの、すなわちすべての被造的な存在と認識の出発点である永遠的真理をもって始められ、被造的存在と認識とを永遠的真理との合一へとつれもどすところの道 (キリストの恩寵) でもって終わっているのである。」シュタインの考えをさらに展開させると、『真理について』にふくまれる諸問題は、基本的にいってトマスの『神学大全』と同様の体系的構想、すなわち神からの万物の発出、万物の頂点たる理性的被造物の神への還帰、この還帰の「道」としてキリスト、という構想にもとづいて配置されている、といえるであろう。いいかえると、ここでトマスは真理の概念をいわば要《かなめ》にして後に『神学大全』において成熟した形をとることになる、かれ独自の神学的総合の構想を先取りしているのである。

アウグスティヌスを批判的に継承　次に『真理について』の内容でわれわれの注目をひくのは、トマスが神学教授として手がけた最初の大きな学問的プロジェクトにおいて、当時最大の権威を認められていたアウグスティヌスをきわめて大胆な仕方で批判的に継承しようと試みていることである。たとえば、「真理とは何か」という問いに関して、トマスは真理および真は三つの仕方、すなわち(1)真理の本質側面に先行し、「真」の基盤となるものに即して、(2)形相的に「真」の本質側面を完成するものに即して、(3)「真」にともなう結果に即して定義されるとのべ、あきらかに(2)が真理の定義として中心的位置を占めるとの立場をとっている。そして、アウグスティヌスのいくつかの著作のうちに見出される真理の定義は、(1)あるいは(3)にあたるものとして位置づけている。このことはアウグスティヌスが真ないし真理を第一に事物の真理として、神的知性との関連において捉えたのにたいして、トマスはそのことの重要性を認めつつも、かれ自身は第一に真理を知性の真理として捉えていることにもとづくものであって、トマスが自ら新たに獲得した体系的視点にてらしてアウグスティヌスを受容していることを示すといえるであろう。

同様のことが人間精神による自己認識の問題に関してもいえるのであって、トマスは「精神は自らを自らによって――つまり自らの本質によって――認識しうる」というアウグスティヌスの立場について、それが「ある意味では」正しいことを認めつつ、基本的には、精神の自己認識も他の可知的なものが認識される場合と同様の仕方で遂行される、と主張する。すなわち、精神（あるいは知性）が認識されるためには、それは現実態（働き）へともたらされる必要があり、そのことは可《セン》感的《シビリア》なものから抽象された可知的形象によって為される、というのである。このように、トマスは主としてアリストテレスにもとづいて人間精神（知性）に固有な認識様式についての自らの立場を確立した上で、それにもとづいて自己認識の問題を取りあつかっている。ここからして、アウグスティヌスの見解は、トマス自身の新しい体系的な自己認識の理論のうちにとりいれられ、そこで何らかの位置を与えられているのである。

『教師論』にたいして

同じことが『真理について』にふくまれている教師論においてより明白な形で示されている。すなわち、アウグスティヌスは『教師論』において「汝等の師はひとりにして、すなわち天にましますキリストなり」という福音書の言葉を解釈して、言葉ないし記号でもって教える人間・教師は真理に耳を傾けるようにかりたてたり、そのきっかけをつくるにとどまり、真の教師は人間の内面にあって、その精神を上から照らす真理そのものであることをあきらかにする。真の教師は神のみであって、人間・教師は実は教えているのではなく、はるかに限られた、低い役割をはたすにとどまることが強調されるのである。これにたいしてトマスは、アウグスティヌス説の根底にあるのは「学ぶとは想起することにほかならぬ」とするプラトン説であり、それはすべての知識は外からの働きかけによって学ぶ者の中に生ぜしめられるとする、もう一つの極端な説と同様、根拠を欠くと批判する。トマスによると、われわれが一般にある知識を獲得するとき、その知識の全体が外から与えられるのでも、またその全体が精神のうちに先在するのでもなく、むしろわれわれのうちに可能的に存在する知識が現実的に存在するものたらしめられるのであり、人間たる教師はこの可能態から現実態への移行の原因でありうるかぎりにおいて、厳密な意味で「教える」ことができるのである。アウグスティヌスの『教師論』は、このような人間による知識の獲得——自力による発見と教師の助力による学習の両者をふくめて——の過程における可能態と現実態とを区別していなかったところから、人間たる教師の積極的役割を正しく評価することができなかった、として批判されるのである。

いうまでもなく、トマスは、人間による新しい知識の獲得は、すべての確実な知識の基礎である自明的な第一原理がそれによって認識されるところの、理性の光が神によってわれわれのうちに植えつけられていることによってはじめて可能であり、人間によるすべての教授活動はこの光のおかげで有効なものになりうることを認めており、その意味では神のみが「内的に、そして主要的に」

教える者であるかぎりにおいて、アウグスティヌス説を受けいれる。しかし神のみが教える、というアウグスティヌスの言葉は、人間が「外的に」に教えることを排除するものではなく、神のみが「内的」に教える、という意味に解釈しなければならない、とトマスは指摘する。

それというのも、トマスによると、人間たる教師は、学ぶ者のうちではじめは可能態にとどまっていた知識を現実態へともたらすのであり、その意味で本来的に「教える」からである。つまり、言葉・記号をもって外的に教える教師は、たんに学ぶ者にたいして、内なる真理、つまり真の教師に耳を傾けるよううながしを与えるだけではなく、むしろ言葉・記号を通じて、自らがすでに行った可能態から現実態への移行を、学ぶ者が自らの理性によって遂行するように助け、導くのである。「したがって、一人の人間は次の意味で他者を教える、といわれる――すなわちかれが自らのうちで自然的理性によって為すところのかの理性の営みを、記号によって他者に開示し、かくして弟子の自然的理性が自らに提示されたものをいわば道具として、それによってまだ知らなかったことがらの認識へと到達するかぎりにおいて。……このように、人は他者のうちに、後者の自然的理性の働きをもって知識を生ぜしめる、といわれるのであって、これが教えるということなのである。ここからして、一人の人間は他者を教え、またその者の教師である、といわれるのである。」（第一一問題第一項）

これらの他にも多くの例をあげることができるが、トマスが自らの独自な認識理論を確立した上でアウグスティヌスを批判していることは右にのべたところからあきらかであろう。若い神学教授がたんにアウグスティヌスの「権威」に訴えるのではなく、むしろその学説をそれらの根本的前提までさかのぼって解釈、評価した上で、自らの体系的立場のうちに組みこんでいることは、聴講者たちを大いに驚かせたにちがいない。しかも、われわれを驚かせるのは、トマスがそのような大胆な試みを、いささかの気負いも、挑戦的な態度も見せず、淡々と遂行していることである。

任意討論とは

トマスが一二五六〜五九年の任期中に任意討論を主宰したかどうか、したとすれば今日残っている一二の任意討論のうちのどれか、という問題については学者の間で見解が分かれているが、ここではトマスの『任意討論集』について一般的なことをのべておきたい。

任意討論とは、名前が示す通り、「だれでもその意のままに、どんなことについてでも」質問してさしつかえない公開討論であり、「開かれた大学」の理念をこれ以上大胆に具体化することはできないのではなかろうか。定期討論の場合、質問者は学部内の者に限られており、しかもその場で解答にあたるのは教授自身ではなく、教授の下で修業中の講師であった。これにたいして任意討論では、討論のテーマもきまっていない上、反対派の教授や、騎士や職人、思慮深い老人から血気さかんな若者まで、誰でも質問でき、しかも教授自身がその場で解答を与えなければならなかった。

よほど学識や弁論に自信があるか、知識を広く人々とわかち合いたいという心の広さがなければ、この種の討論を主宰することはできなかったのではなかろうか。

『任意討論集』のなかには「人間知性は個別的なものを認識するか」「(神による) 予定は必然性を課するものであるか」「知的な霊魂はそれが認識するすべてのものを第一の真理において認識するか」など、トマスがほかの著作でもくりかえし取り上げている基本的な神学-哲学的問題もふくまれている。また「世界が永遠ではないことを論証できるか」「天使は質料《マテリア》と形相から複合されているか」「修道者の身分《スタトゥス》は教区司祭や司教座聖堂助祭の身分よりもより完全なものであるか」など、当時はげしく論争された問題も見出される。

しかし、圧倒的に多いのは素朴な民衆の頭に浮かびそうな疑問である。たとえば、地獄の火についての怖しい説教を聴いた後で、だが肉体から離れた霊魂が火を熱く感じるものだろうか、という疑問をいだく信徒がいるかも知れない。「分離した霊魂が物理的な火によって苦しむことが可能か」という問題はそのような信徒がもちだしたのであろう。また聖書にはイエスが復活のあと弟子たちの前に姿を現して食事をしたと記されているが、復活した者が食物をとることができるのか、体内にはいった食物はどのように消化されるのか、という疑問がおこるのも当然であろう。「復活のあとキリストは食物をとることによって真実に食べたのか (吸収したのか)」という問題はそのような疑問に答えている。この種の問題として「受難にさいしてキリストが流された血は復活のさいにすべてその体にもどるか」「水が入手できない砂漠で生まれ、洗礼を受けないで死んだ子供は、信者たる母親の信仰で救われるか」などを付け加えることができるが、「神はもし欲するならば罪を犯しうるか」「ある人は大罪を犯すことなしに、私通をした司祭のミサにあずかりうるか」などになると、教授の力量をためしてやろうという意地悪い意図が感じられる。

さらに「地獄におとされた者は、自分の敵どもが自分といっしょに罰を受けているのを見て悦ぶか」「互いに対立する見解をいだいている異なった教授たちの聴講者は、自分の教授の虚偽の見解に従った場合、罪を免ぜられるか」「教会によって列聖された聖人たちはすべて天国の栄光のうちにいるか、それともそのなかのある者は地獄にいるか」になると、悪ふざけないしブラックーユーモアの要素さえ感じられる。これらは芝居小屋のせりふではなくて、当時のヨーロッパ第一の神学・哲学研究センターであるパリ大学で論じられた問題なのである。

トマスの解答

これらの問題にトマスがどのような解答を与えているかは大いに興味をそそるものがあるが、ここではそのなかの一つだけを紹介しておこう。

(問題)「真理は酒、帝王、女とくらべてより強いか。」

(異論)(1)酒がより強いように思われる、なぜなら人間をもっとも強力に変化させるからである。

(2)帝王である、なぜなら人をもっとも困難なこと、つまり自らを死の危険にさらすことへとかりたてるから。
(3)女である、なぜなら帝王たちをも支配するから。
(反対異論)『エスドラ書第三』4・35に「真理がより強い」と記されている。
(解答)次のように言うべきである。これは『エスドラ書』において若者たちが解答を求められた質問である。それゆえ、まず知っておくべきは、これら四つ、すなわち酒、帝王、女、真理は、それ自体において見られたならば比較できないということである。なぜなら、それらは一つの類に属するものではないからである。だが、ある結果との関連において見られるならば、それらは一つにまとまり、比較が可能になる。ところで、それらが一致して生ぜしめうる結果とは人の心を変化させることである。それゆえ、それらのなかでどれが人の心をより大きく変化させるかを見なくてはならぬ。

ところで、人間を変化させるもののうち、あるものは身体に、他のものは霊魂に働きかけるのであり、この後者には感覚的と知的の二種類がある。さらに、知的なものには実践的と思弁的の二種類がある。

しかるに、身体の状態に即して自然的に変化をひきおこすものの間では、酩酊《めいてい》によって語らせる酒が卓越している。感覚的欲求を変化させることにかかわるものの間にあっては快楽、とくに性的快楽が卓越しており、この意味で女がより強い。さらに、このことを為しうる実践的なもの、および人間的なものにおいては、帝王が最大のちからを有する。思弁的なものにおいて最高にして最強なるものは真理である。

ところで、身体的な力は感覚的な力に従属し、感覚的な力は知的な力に、そして実践知性的なものは思弁知性的なものに従属しているのであるから、無条件的には真理がより価値があり、卓越していて、より強いものである。

質問者や列席者はトマス教授の解答で納得しただろうか。スコラ学に特有の整然とした論の進め方には感服したかもしれないが、結論には同意しない者が多かったかもしれない。何といったって、酔っぱらわせておいて、どんなことでもやらしてしまう酒が強いさ、とつぶやいた職人もいたであろう。また、おれたちを戦場へかりたてる王様も強いが、その王様を思いのままに支配する女がもっとも強い、という意見をかえなかった兵士もいたかもしれない。

トマスの説教　さきにのべたように、当時の神学教授にとって(聖書)講義し、討論することに加えて、説教することは重要な職務であった。この時期のトマスも定期的に説教していたはずであるが、その内容の記録は残っていない。たしかなことは、かれは一〇年以上パリで生活したにもかかわらずフランス語を話すことはできず、ラテン語で説教したということである。

パリ大学におけるトマスの説教に関しては一つの妨害事件の記録がある。これは、教皇アレクサンデル四世が当時のパリ司教に宛てた一二五九年六月二六日付の書翰に記されているものである。それによると、この年の四月六日（復活祭直前の日曜日、いわゆる「枝の主日」）、トマスの説教中に、ギローという名前のピカール（フランス北部）学生団のリーダーが、突然、托鉢修道会の修道士たちを攻撃するパンフレットを読み上げて説教を妨害したという。このパンフレットがすでに断罪されていたギヨーム＝ド＝サンタムールの『近時の危険について』そのものであったか、それの通俗版であったかはあきらかではない。このさわぎの張本人ギローは免職、破門され、この種の文書を所有・複写または販売する者は、その事実自体からして破門に処せられるべし、というのがこの事件の結末であった。いずれにしても、トマスの任期が終わりに近づいた頃になっても、なお反対派による攻撃が続いていたことを示しており、トマスのパリ大学における教授活動は始めから終わりまで、不穏な雰囲気のなかで営まれたのであった。

ボエティウス註解
——神学と哲学

トマスはこの時期にパリ大学における教授活動とは直接に結びつきのない二つの著作を書いている。それらはともにボエティウス（四八〇～五二四／五）の神学論文の註解という形をとっているが、内容はあきらかにボエティウス註解というよりは、トマス自身の神学、哲学的思想の展開であり、とくに学問論（自然学、数学、形而上学などの理論的な

ボエティウス　牢獄につながれたボエティウスが「哲学」の訪問を受けている図

学の対象と方法）の問題に関してはかれの他の著作のどこにも見出されないほど詳細に論じていることもあって、トマス研究においては見逃すことのできない重要な著作である。

まず未完に終わった『ボエティウス三位一体論註解』においては、三位一体の神学そのものを論述するための準備として信仰と理性、神学と哲学の関係をめぐる基本的問題、三位一体の神学にとっては基本的主題となる多数性の原因および個体化の根源の問題、および（聖書にもとづく）神学を諸々の理論的な学（哲学的神学ないし形而上学をふくめて）との関係において位置づけるための、諸々の理論的学の対象と方法の問題などが、ボエティウスのテクスト註解とは別に詳細に考察される。トマスがここで試みているのはアリストテレスが確実な知識ないし論証知としての学にたいして要求した諸条件を満しうるような、学としての神学の概念を明確なものにすることであった。その成果は後に『神学大全』の第一部第一問題において簡潔にのべられているが、トマスの基本的な立場はこの著作においてすでに確立されているのである。ここでは一つの興味深い箇所を引用して、トマスの生《なま》の声を聴くことにしたい。トマスは第二問題第三項で「神を対象とするところの信仰の学において哲学的議論および権威を用いることは許されるか」と問い、第五異論を次の形で提示する。

「世俗の知恵は聖書においてしばしば水によって表示され、神的な知恵はぶどう酒によって表示される。しかるに『イザヤ書』（1・22）において、ぶどう酒に水をまぜる宿屋の亭主が非難されている。それゆえに、聖なる教えに哲学的教説をまぜる教師たちは非難されるべきである。」

これにたいしてトマスは次のように解答する。

「ペトルス＝ロンバルドゥスが『命題論集』第三巻第一一区分でのべているように、比喩的な語りから議論をとりだすべきではない。またディオニシウスも『ティトゥスへの書翰』において象徴的神学は議論にかかわるものではない、とりわけその解説が権威のない者の手になる場合はそうである、とのべている。それにしても、二つのもののまぜ合わせは両者の本性が（まぜ合わせによって）変化してしまう場合に起こるのであり、二つのうちの一つがもう一つのものの支配下に入る場合はそうではない、といえるのである。したがって、哲学的教説を信仰に奉仕させるという仕方で、それら教説を聖なる教えにおいて用いる者は、水をぶどう酒にまぜているのではなく、むしろ水をぶどう酒へと変化させているのである。」

トマスが、哲学的教説という水は、それが信仰の学というぶどう酒へと奉仕せしめられるときには、それ自体ぶどう酒へと変化せしめられる、と比喩的に語るとき、かれの頭にあるのは恩寵は自然本性を破壊するのではなく、むしろ後者を完成する、という基本原則である。かれはそこで聖なる教えにアリストテレスによって代表される哲学的議論をまぜ合わせることによって、ぶどう酒を水でうすめ、最悪の場合には水に変えてしまうことを意図していたのではけっしてなかった。しかし、トマス神学にたいしてしばしば向けられる、信仰のギリシア哲学への還元、あるいはキリスト教のヘレニズム化という批判は、トマスその人にたいしてかれの同時代人によってすでに為されていた。すなわち、ボナヴェントゥラはトマスが哲学に譲歩しすぎたことを鋭く批判しているのであって、トマスがその神学において信仰の解明や理解のために哲学的議論を導入しているのは、神の知恵というぶどう酒を哲学的議論の水へと変じさせてしまう極悪の奇跡である、という。年若いドミニコ会の神学教授が確立した神学的立場はたしかに保守的な神学者の目には危険なものと映るほどに独創的な新しさをふくんでいたのである。

学問論に関して注目に値するのは、形而上学の成立に関して、抽象ではなく、分離によって形而上学の対象たる有である限りでの有が捉えられる、と主張されている点である。この問題が論じられている箇所についてはトマスの自筆草稿が残されており、それを検討するとトマスが何度も改訂を重ね、最後に右にのべた見解に行きついていることがわかる。トマスによると、抽象が事物の「何であるか」を捉える働きであるのにたいして、分離は一種の否定判断であって、それは事物の存在そのもの、もしくは存在の全体にかかわる働きである。つまり、トマスは人間の知性による認識活動について詳細な考察を行った結果、知性の第一の働き（抽象はそれに属する）は事物の本質にかかわるのにたいして、第二の働きである判断は、本質を超えるより高次の現実性ないし完全性としての存在《エッセ》にかかわる、という洞察に到達した。右にのべた形而上学の成立に関するトマスの見解はこの新しい洞察にもとづいて形成されたのである。

形而上学思想の展開

ほぼ同じ頃に書かれた『ボエティウス・デ・ヘブドマディブス註解』はマリエッティ版でわずか十数ページの小著作であるが、右でもふれた本質と存在の区別をめぐるトマスの形而上学思想の展開を知る上で重要なテクストである。とくに、この書物においてはプラトン哲学に起源をもつ分有の概念が詳しく考察されているのが注目に値する。すなわち、第一の有《エンス》である神のみが自らの本質によって在る存在そのものであり、それ以外のすべての有は、存在《エッセ》を分有することによってはじめて存在する。そして、本質といわれるものは、じつはこの分有の仕方を指すものにほかならない、というのである。本質といえば、事物が何であるかを言いあらわすものであり、それこそ実在を指示するように思われるが、最高の現実性・完全性である存在との関係でいうと、それを制限し、限定する様相にすぎない、というわけである。

このようなトマスの存在《エッセ》についての洞察は、この後もさらに明確なものとされるが、その基本的方向はこれら二つのボエティウス註解書において確立されているといえる。しかしアリストテレスや新プラトン哲学からうけついだ有であるかぎりでの有の探求を、ユダヤ‐キリスト教の神概念――「在る者」としての神、万物を無から創造する神――の光の下に捉え直すことによってかちとられた新しい形而上学的洞察は、あまりに独創的であったがゆえに、トマスの同時代人はその新しさに印象づけられはしたものの、それを理解することはできなかったようである。トマスにつづく世代における、存在と本質の区別をめぐる論争をふりかえるとき、存在《エッセ》についてのトマスの洞察はかれの同時代人には「知られざる国」にとどまったと結論せざるをえない。

ヴァレンシアンヌ会議

トマスはこの時期に『神学大全』とならぶ体系的な神学的著作『対異教徒大全』に着手したが、それが完成されるのは次の時期なので、この著作については後述することにしたい。一二五九年六月、ドミニコ会の方針に従って教授職をイングランド出身のオルトンのウィリアムにゆずったトマスは、パリとケルンのほぼ中間にあるヴァレンシアンヌで開かれたドミニコ会の総会への出席を命じられた。その理由は、総会と同時に行われたドミニコ会内部の神学・哲学の研究・教育に関する根本方針を決定するための会議への参加であった。この会議のメンバーはアルベルトゥス＝マグヌス、ボノーム、フロレンティウス、タランタシアのペトルスにトマスを加えた五人であり、いずれもパリ大学教授経験者であった。

この会議の記録を読むと、当時のドミニコ会が学問研究の水準を高め、維持することにいかに熱

ヴァレンシアンヌ　中央が市庁舎

心であったかが強く感じとられる。たとえば、ドミニコ会の神学大学に派遣されるべき学生の資格、および教授の選定に関してきびしい条件がつけられており、さらに教授はその職務に専念できるよう、いっさいの雑務から解放されるべきことが規定されている。また、神学大学が設置されている修道院に居住している者は、修院長もふくめて、全員が講義に出席すべきこと、講義時間中にミサを行ったり、外出したりすることの禁止も規定されており、ドミニコ会員にとって神学は文字通り生涯学習たるべきことが原則としてうちだされているのである。

さらに、哲学の研修に力をいれるべきことを規定しているのも注目に値する。さきにもふれたように、神学者の間では世俗の学問にたいする根強い反感と不信が見られた当時の全般的状況にてらして、これはひとつの英断であったといえるであろう。この点に関してアルベルトゥスおよびトマスの考え方が強く反映されたであろうことは容易に想像される。

V　イタリア時代

トミズムの成熟

修道会顧問として

一二五九年六月、ヴァランシアンヌ会議のあと、(ドミニコ会)ローマ管区に所属していたトマスは当然、管区内のいずれかの修道院に向かって旅したはずであるが、六〇年九月ナポリで開かれたローマ管区会議に出席するまでのかれの足どりについては何の記録も残されていない。P＝マンドネ以来の通説によると、パリ大学教授をやめたあと、トマスはローマ教皇庁の所在地にあるドミニコ会修道院の講師をつとめ、アレクサンデル四世、ウルバヌス四世(在位一二六一～六四)、クレメンス四世(在位一二六五～六八)が次々とアニャーニ、オルヴィエト、ヴィテルボと教皇庁を移動させたのに従って居を移し、教皇庁の神学顧問としての役割を果たした、とされている。パリ大学教授辞任のあとのトマスにふさわしいのはローマ教皇庁の神学顧問、という推定はいかにも論理的であり、それが通説化したのは自然であったといえるが、じっさいにはそうした推定を裏づける記録は何もない。この時期のトマスの所在に関して記録にもとづいて確証できることは、六〇年九月までにはイタリアにもどっていたこと、六一年ないし六二年にオルヴィエトのドミニコ会修道院の講師に着任したこと、六五年に神学研究・教育のセンターを設立するためにローマに移ったこと、そして六八年には再びパリ大学教授に就任するためにアルプスを越えたこと、だけである。

しかし、この時期のトマスの足跡を示す直接的な証拠が残っていないということは、われわれがこの時期のトマスの活動について何も知りえない、ということを意味するのではない。トマスは前述したナポリの管区会議で修道会顧問《プレディカトール・ゲネラリス》（総説教者）に任命されたが、これはドミニコ会内部でごく少数の卓越した人物にのみ与えられる名誉であり、この称号を与えられた修道士はゲネラリス（全体に通じる）という言葉通り、自分が所属している特定の修道院の管轄権をこえて、自由に発議し、行動する特権を認められ、修道会全体にかかわる事柄に専念することを期待されるのである。このため、トマスは一二六〇年以降、その居住する修道院で講師をつとめることに加えて、毎年イタリア各地で開かれた管区会議に出席する義務を負わされた。当時の修道士の旅行は原則として徒歩であったことを考慮にいれるとき、これらの会議出席――そのほかにもドミニコ会全体の総会への出席、およびトマス自身の居住地の移動があった――は、（旅行そのものを楽しむ気質の持ち主であったとは到底思えない）トマスにとってかなりの負担であり、犠牲であったことが想像される。

トマスはその生涯の間、師アルベルトゥス＝マグヌスの名声には及ばなかったようであるが、修道会顧問となったかれのもとには様々の人々――教皇、ドミニコ会総長、君主や領主から同僚、講師、騎士にいたる――から、多くの要請が寄せられた。このうち、トマスが教皇ウルバヌス四世の要請を受けて行った聖書註解およびギリシア教会との再合同へむけての神学研究についてはあらためてのべることにして、ここではかれがドミニコ会総長の要請によって行った仕事の一例として『一〇八箇条についてのヨハネス＝ウェルケレンシスへの応答』についてのべておこう。

ペトルスの一〇八の命題

ヨハネスは一二六四年から八三年まで総長の地位についていた人物であり、トマスがこの『応答』を書いたのはおそらく六五、六六年頃と推定される。事の起こりは、トマスとほぼ同じ年齢のドミニコ会員であり、前にのべたヴァレンシアンヌ会議にも参加し、一二五九年から六四年までパリ大学神学部教授をつとめ、この時期には（ドミニコ会）フランス管区長であったタランタシアのペトルス（後の教皇インノケンティウス五世）が異端の疑いをかけられたことであった。すなわち、ある匿名の人物がペトルスの『命題論集講解』のなかから一〇八の「異端的」命題をとり出して、ドミニコ会総長のもとに送りつけたのである。

総長から同僚の「異端的」見解の検討を命じられたトマスは、これら一〇八の命題の一つ一つについて、厳正に、そして注意深くコメントする。すなわち、あるものについては「健全な意味を有することは明白である」「最も真である」と是認し、あるものについては「言い方がまずい」「曖昧《あいまい》な言い方である」「二つの意味に解される」「……のことを付け加えない限り、無条件的に解すれば誤りである」「全く誤りである」など、多様な言い方を用いてその欠陥を指摘している。しかし、全体を通じてトマスが言おうとしているのは、たしかにペトルスには概念規定の不明確さや用語の上での混乱はあるものの、それらを「異端的」として告発することは、むしろ告発者の側の理解の不足と悪意を示すものであり、中傷の意図が見えすいている、ということである。ペトルスはトマスの同僚であったが、思想的にフランシスコ会のボナヴェントゥラに親近感を覚えていたようであり（かれはボナヴェントゥラが一二七四年リヨン公会議中に没したさい、その追悼説教を行った）、トマスがその著作に不満を覚えたことは十分に推察できる。しかしこの後の成り行きにてらして、トマスの公正かつ適切な判断にもとづいて、この事件がペトルスの神学者としての評判を傷つけることのない仕方で処理されたことはあきらかである。

王や領主への助言

トマスはこの時期、世俗の君主、領主、騎士などの求めに応じて様々の主題について著作しているが、ここではそのなかの二つについてふれておこう。

その一つはキプロス王に宛てた『王国論』である。名宛人のキプロス王は状況証拠からして一二五三年から六七年まで在位したフーゴー二世であると推定されるが、献辞から推察すると、トマスは直接に王の要請に応じてこの著作をものしたのではなく、仲介者の要望をいれて贈物としてこの書物を献呈したもののようである。内容は「王」の意味をあきらかにするところから始めて、種々の政体の比較を行い、国家統治のめざすべき共通善、とくにその主要なものである平和についてのべており、また国家建設にあたって考慮すべき色々な具体的条件にもふれている。とくに僭主《せんしゅ》政治の悲惨さを説くと共に、反乱やクーデタが事態を改善するよりは、むしろ改悪する結果に終わることが多いことを冷静に指摘しているのが注目される。このことに関連して、トマスは昔シラクサの僭主ディオニシウスが長命であるよう祈願したという老女の話を紹介している。この老女の噂を聞き、不思議に思って理由をたずねたディオニシウスにたいして、老女は、自分は幼少のとき暴政に苦しんで王の死を願ったが、その王を殺して位についた新王はもっと苛酷だった。ところが第三の王、つまりあなたはそれよりもさらにひどい。だから、もしあなたが位から追われたら、もっと悪い人を王にいただくことになるだろう。それは困るからあなたの長命を祈願するのだ、と答えたという。トマスがこのエピソードを紹介したのは政治的な変革は必ずしもよい結果を約束しない、という現実に王の目を開かせるためであったが、それと同時に支配者の野心や欲望がどれほど人民に負担や苦難をおしつけることになるかを教えるためでもあった、といえるであろう。

もう一つはブラバン侯爵夫人に宛てた『ユダヤ人の統治について』と題する書翰である。この作品はいくつかの写本ではフランドル伯（侯）爵夫人に宛てたものと表記されており、名宛人に関して、したがってまた著作年代に関して問題があるが、ここではヴァルツに従ってイタリア時代の作品として話を進める。トマスは書翰を次の言葉ではじめている。

「閣下の書翰を拝受し、それら書翰のうちに臣下の統治に関する憐れみ深い御心労とわが会の修道士たちにたいして注いでくださる献身的な御仁愛を十分に読みとり、閣下の御心にかくも大いなる徳をめばえさせ給うた神に感謝いたしております。ところで、閣下はそれら書翰においていくつかの事項について応答するよう私に要請なさいましたが、実はその課題は私には困難なものでありました。それは一つには私は講義で手一杯であり、またこのことについてはこうした事柄において私よりもより適任である者に助言をもとめられた方がよかったと思うからであります。しかし、閣下の御心労に力をかさず、あるいは御仁愛に報いないのは適《ふさ》わしからぬことでありますので、提示なさった事項についてとりあえず、よりよい見解にたいして道をふさぐことなく、御答えするようにつとめた次第であります。」

これに続いてトマスは侯爵夫人から提示された八つの質問に答えているが、そのうち第一～四、八がユダヤ人にかかわるものである。トマスは別の箇所でもユダヤ人の信仰や祭儀に関して寛容であるべきことを説いているが、ここでもユダヤ人にたいしてキリスト信者の場合と同一の正義の原則を貫くべきことを助言する。すなわち、法律によればユダヤ人はその罪過の報いとして、恒久的隷従の状態に置かれ、領主はユダヤ人の財産をあたかも自分のもののように取り扱うことができる（生活に必要なものを奪わないとの条件で）とはいえ、われわれは社会から除外された者にたいしても公正にふるまうべきであるから、ユダヤ人にたいしても強制的な隷従を課すべきではない、という。さらに、ユダヤ人の財産はすべて高利（という不当な方法）によって得られたものであるから、それを取りあげることは許されるのではないか、という疑問にたいしては、たしかにユダヤ人は高利によって他人から強奪したものを保有することは許されないが、貴方（侯爵夫人）もそれをユダヤ人から取り上げて自分のものにすることは許されない（ユダヤ人がもともと貴方自身から強奪したのでないかぎり）、とトマスは答える。奪われたものはもとの持ち主に返却されるべきであり、領主が私すべきものではない、というのである。むしろ、領主たる者は、ユダヤ人が高利貸に従事するのはまともな仕事につけないからであるから、イタリアのある地方で実行されているように、ユダヤ人が自分たちの生計を得るために労働するように強制したらよいのだ、と勧告する。

このようにトマスはユダヤ人にたいしてどこまでも公正であるべきことを主張しているが、固有の律法と祭儀を保持するユダヤ人とキリスト信者の共同体との間には明確な区別を設けるべきである、と考えた点ではかれの時代の偏見から自由ではなかった。すなわち、領内のユダヤ人たちにたいして、キリスト信者たちから区別するための特別の徴《しるし》を身につけるよう強制するのはよいことか、という問いにたいしては、ユダヤ人は男女ともキリスト教世界のすべての領地において、またいついかなる時も、特別の衣服でもって他の民から区別すべしとするのが公会議の規定であり、答えは明白である、と応答している。これはユダヤ人自身の律法によって定められているところでもある、とトマスは付け加えているが、ユダヤ人にたいする正義と寛容を説きつつも、かれらにたいしてキリスト教世界の政治共同体の内部でキリスト信者と同等の市民的権利を認めていなかったことは否定できない。

皇帝派《ギベリン》と教皇派《ゲルフ》

トマスと世俗の君主・領主とのかかわりについてふれたついでに、イタリア時代（一二五九〜六八）のトマスをとりまく政治的状勢について簡単にのべておこう。パリ大学教授時代のトマスは托鉢修道会と教区聖職者である教授団との間の争いの渦中にいたが、イタリアにもどったかれのまわりでは皇帝派と教皇派の対立・抗争が新しい局面をむかえていた。父親ランドルフォと共に当初皇帝側についていたトマスの兄アイモーネとレジナルドは、その後教皇に忠誠を誓い、レジナルドはすでに戦死していたが、アイモーネはモンテ＝サン＝ジョヴァンニの城主としてこの時期も健在であり、教皇ウルバヌス四世の信頼をかちえていた。一二五〇年に死んだフリードリッヒ二世の後をついだコンラッドも数年後に没し、この時期はフリードリッヒのもう一人の息子マンフレッドに率いられる軍勢が教皇派をおびやかしていた。事実、一二六四年九月、教皇ウルバヌス四世はオルヴィエトに迫った皇帝軍の難を避けて、ペルージアに逃れなければならなかったのである。

このような状況の下で、フランス出身である教皇ウルバヌス四世とクレメンス四世はあいついでフランス国王ルイ九世に援助を求め、一二六五年ルイ九世は弟シャルル＝ダンジューをイタリアに派遣する。シャルルはマンフレッド、およびその残党が擁立したフリードリッヒ二世の孫コンラディンを打倒し、この後シチリア王国はシャルル＝ダンジューの鉄腕によって支配されることになる。トマス自身はこうした皇帝派と教皇派の対立、抗争にいっさい関心を示していないが、かれが自分の家族や親族をとりまく激しい政治的・軍事的な動きを意識していなかったはずがない。一四世紀になると、トマスはシャルル＝ダンジューの命令によって暗殺された、という推測が生まれ、ダンテ『神曲』のなかの「シャルル（アンジューの）はイタリアに来て、コンラディンを滅ぼし、ついでトマスを天国に送った」という一節はそのような推測を反映している。このようにトマス自身が政治的闘争の渦中にあったかのような見方は、バークが想像しているように、トマスとかれの親族のうちの同名の人物（アッケラ伯アクィノのトマス）とを混同したことによるのかもしれないが、トマスが思索と著述に専念し、かれの思想を成熟させたのはこうした激動のさなかにおいてであったことは注目に値するであろう。

キリスト教信仰こそが唯一の道

トマスの最も有名な主著『神学大全《スンマ》』と並べて論じられることの多いもう一つのスンマ『対異教徒大全《スンマ》』あるいは『護教大全』――古い写本でよりひんぱんに見出される書名は『カトリック信仰の真理の書――不信の徒の誤謬《こびゅう》に対して』――はすでにパリ大学教授時代に着手され、一二五九年初夏にパリを離れるさいには第一巻の第五三章を執筆していたとされるが、トマスがこの書物の大半を書き、完成したのはイタリア時代なので、この時期の著作として取り上げることにしたい。

この著作については、当時スペインのバルセロナでイスラム教徒にたいする宣教に従事していたドミニコ会前総長ペニャフォルトのライムンドゥスの要請にこたえて、その宣教活動を支援するために書かれた、という古い伝説が伝えられている。この伝説の起こりは一四世紀の初めバルセロナのドミニコ会修道院に居住していたペトルス＝マルシリウスが書いた『アラゴン国王ヤコブス二世年代記』のなかの次の一節である。

「かれ（さきのドミニコ会総長ライムンドゥス）は異教徒たちの回心を望むことときわめて切なるものがあり、同じ修道会に属する著名な神学教授アクィノのトマス修道士――かれはアルベルトゥスについで、この世のすべての聖職者の間にあって最も偉大な哲学者とみなされている――にたいして、不信の徒のもろもろの誤謬を反駁する書物を書くように依頼し、その書物が暗闇の影をとりはらい、信じようと欲しない者共に真実の太陽の教えを示すように望んだ。当の教授は、かくも偉大なる師父の謙遜な依頼にこたえて『異教徒たちを駁する書』と題する著作をものしたが、これは当の分野においては比類なきものと信じられていた。」

ペトルスの証言通り、トマスがこの著作に着手したのはライムンドゥスの要請に応じてであることを認めたとしても、それだけではこの書物がいかなるものであるかを説明したことにはならないであろう。あきらかに『対異教徒大全』は異教徒たち自身に読ませる――かれらを説得し、かれらに回心をうながすことを期待して——ために書かれた書物ではないし、またイスラム教徒たちの間で宣教する修道士たちが、これら異教徒の疑問や異論に即座に答えられるように準備された手引き書でもない。たしかにトマスはこの書物のなかで「不信の徒」のもろもろの誤謬を反駁することに力を注いでいるが、それは知恵、もしくは第一原理にかかわる真理の探求と表裏一体をなすものである。つまり、この書物でトマスが試みているのは、キリスト教信仰こそは知恵もしくは真理の探求においてわれわれが受けいれなければならない唯一の道であることの弁証であり、その試みのなかで「不信の徒」のもろもろの誤謬と対決しているのである。したがって、この書物が異教徒たちの間で宣教する修道士たちを支援することができるとしたら、万人が幸福な生と救いへの道として求めている知恵ないし真理は、異教徒たちが従っているもろもろの教えや哲学のうちにではなく、キリスト教信仰の教えのうちにふくまれていることを明示することによってである、といえるであろう。

じっさいに、当時ラテン-キリスト教世界をぐるりと取り囲む形をとっていたイスラム教勢力は高度の文化と学問を背後にひかえていたのであって、それとの対決は十字軍のような軍事的闘争で事済むものではなく、より根本的に哲学のレヴェルにおける対話を必要とするものであった。したがって、トマスの『対異教徒大全』は（十字軍から平和的な福音宣教への）宣教活動の転換と、（イスラム教勢力によってもたらされた）キリスト教思想・文化の危機とが交わるところに位置していた、というシュヌーの指摘は適切である。またM＝ジョーダンが『対異教徒大全』は「その読者にたいしてキリスト教的知恵の徳――人間自身の力で獲得できるもの、および恩寵によるもの――を実践するよう説得することに関わっている」という解釈を提示して、この書物が一連の「哲学への勧め」文献に見られるのと同様の構造を有する、と主張しているのも傾聴に値する。

『対異教徒大全』の目標

トマス自身、この書物の第一巻第一章で、知恵ある者の職務は、最高の意味で真理であるところの神的真理について熟考し、明言すること、および真理に対立するところの誤謬と戦うことであるとのべたあと、第二章において人間が従事するすべての探求のなかで知恵の探求こそは最も完全、高貴、有益かつ悦ばしいものである、と知恵の探求を讃美する。

「それが最も完全であるのは、人が知恵の探求に専念するかぎりにおいて、ここ地上の生においてすでに真の至福を何ほどか手にするからである。このゆえに知恵ある者は《知恵のうちにとどまる者は幸いである》（『集会書』14・22）とのべている。

それが最も高貴であるのは、この探求を通じて人は《万物を知恵において創造した》（『詩編』103・24）神への類似にとくに近づくからである。ところで、類似は愛の原因であるから、知恵の探求はとくに人間を神へと、友愛の絆《きずな》をもって結びつける。このゆえに『知恵の書』

（7・14）において《知恵は人々にとって限りない財宝であり、それを用いる者は神の友となる》といわれている。

それが最も有益であるのは、人は知恵を経て永生の王国へと導かれるからである。というのも、《知恵への願望は終わりなき王国へ導く》（『知恵の書』6・21）といわれているからである。

それが最も悦ばしいものであるのは、《知恵との交わりは苦さをふくまず、また知恵との共生は何らの倦怠《けんたい》も生ぜず、ただ悦びと歓喜を与えるからである》（『知恵の書』7・16）。」

この讃美をうけて、トマスはあらためてこの書物で自分がめざしている目標を次のように宣言する。

「このように、われわれ自身の力をこえることではあるが、神の慈愛からしてわれわれは知恵ある者の職務に着手できるとの確信をえた。すなわち、われわれが意図する企てとはカトリックの信仰が告白するところの真理を、われわれの限られた能力に応じて明示し、それと対立するもろもろの誤謬を除去することである。」

『対異教徒大全』の構成　さらに第九章において、この書物においてとるべき論述の方法および順序について次のように要約する。

「したがって、われわれがそれに従って論を進めようとする方法は次の通りである。第一に、われわれは信仰が告白し、そして理性が検討するところの真理（啓示されているが、理性によって到達可能である真理）を明らかにしようと試みる。われわれはそのことを論証的および蓋然《がいぜん》的議論を提示することによって為すが、それらのうちのあるものは哲学者たち、および聖者たち（教父）の書物から採られたものであり、それらによって真理が確証され、反対者が論駁される。ついで、論述がより明白な事柄からより明白でない事柄へと進められるように、われわれは理性を超出する真理へと歩を進める。そのことをわれわれは反対者たちの議論に解答し、神が能力を授けてくださるままに、蓋然的な議論と諸々の権威によって信仰の真理を明示することによって為すのである。

このように、われわれは神について人間理性が検討しうる事柄を、理性の道によって追求することを意図するのであるが、そのさい、第一に考察すべきは神に、神御自身に即して属する事柄である。第二は神からの諸々の被造物の発出、そして第三は被造物が神へと、目的にたいするように秩序づけられていることの考察である。」

ここで第一、第二、第三とのべられているのはそれぞれこの書物の第一、二、三巻にあたるものであり、それらと第四巻との関係については第四巻第一章の終わりでふれられている。

「これまでのところ、論述は自然的理性が被造物を通じて神的な事柄の認識に到達しうるかぎりにおいて進められてきた。しかし、この論述は不完全であり、われわれの精神に固有の可能性に相応したものであり、したがってヨブと共に『だが、これらは神の道のほんの一端』(『ヨブ記』26・14) ということができるのである。そこで、人間知性を超出するがゆえに、神によってわれわれに信ずべきこととして啓示された事柄について論述する仕事が残っている。……これらの事柄に関していかなる仕方で論述を進めるべきかについては、……次の方法に従うべきであろう。聖書の言葉において伝えられた事柄はいわば原理として受けとめるべきであり、つまり前述の言葉においてわれわれに秘められた仕方で伝えられた事柄を、われわれは精神でもって何らかの仕方で把捉《はそく》し、不信の徒の攻撃から守ろうと努めるのである。しかし、そのさい (そのような事柄を) 完全に認識しているとの慢心があってはならぬのであって、というのもこうした事柄は自然的理性によってではなく、聖書の権威によって立証すべきものだからである。とはいえ、それらが不信の徒の挑戦から守られるように、自然的理性に対立するものではないことを示さなくてはならない。これは本書の始めにおいてあらかじめ確定された方法でもある。

ところで、自然的理性は被造物を通じて神の認識へと上昇し、逆に信仰の認識は神からわれわれへと神的啓示によって降下するのではあるが、上昇と降下の道は同じ道であるから、理性を超えて信じられる事柄においては、上に、神について理性によって検討される事柄に関してたどったのと同じ道によって進むのでなくてはならない。すなわち、第一に神御自身について理性を超えて信じるようにと提示されている事柄——すなわち三位一体の信仰告白——について論じなくてはならない。第二に、神によって為されたところの理性を超える業、すなわち托身の業、ならびにそれにともなうところの事柄について、第三に、人間の究極の終わりにおいて待ち望まれるところの理性を超える事柄、すなわち復活、肉身の栄光、霊魂の永遠なる至福、およびこれらと結びついた事柄について。」

ここで要約されている『対異教徒大全』四巻の構成は、あきらかにトマスが前期の体系的著作『命題論集講解』を超え出て、このあと着手する『神学大全』へいたる道を進んでいることを示す。この書物の執筆にふみきらせたのはライムンドゥスの要請であったかも知れないが、トマス自身、パリ大学神学教授としての経験にもとづいて、ペトルス＝ロンバルドゥスの『命題論集』にもとづいて神学を教えることの不適切さを自覚し、それに代わるべき体系的な神学的著作の構想を練っていたのであろう。この書物については、『神学大全』と対照させて『哲学大全《スンマ》』と呼びならわす伝統があり、現に一九世紀中頃のパルマ版全集では『哲学大全』という表題が採用されている。たしかにこの書物のなかでトマスは様々の形而上学、人間学、倫理学的問題について、他のどの著作にも見出されないほどに、詳しく哲学的議論を紹介しており、それがこの書物の魅力でもある。しかし、全体として『対異教徒大全』はキリスト教の信仰の真理を解明し、異論を反駁するという護教的色彩の強い体系的な神学的著作である、と見るのが正しいであろう。

サンターサビーナ教会　ローマ

二部構成の『ギリシア人の誤謬を駁す』

さきにのべたように、トマスは一二六一年あるいは六二年にローマの北、ウンブリアのオルヴィエトにあったドミニコ会修道院の講師として着任し、六五年、神学大学を設立する命をうけてローマのサンターサビーナに移るまでこの地に滞在した。トマスのオルヴィエト滞在は教皇ウルバヌス四世がオルヴィエトに教皇庁を置いた時期とほぼ重なる。ウルバヌス四世はフランス出身で、外交には長い経験を有していたが、政治・外交面では手腕を発揮できなかった。しかし、東西教会の再合同や学術振興に熱意を傾け、トマスはその要請によっていくつかの注目すべき作品を生みだした。

その第一は『ギリシア人の誤謬を駁す』である。この書物の背景にあるのは一二六一年に、一二〇四年以後西欧勢力の支配下にあったビザンティン帝国に勝利をもたらし帝位についたミカエル八世（在位一二五九〜八二）が、西方教会との再合同をはかってウルバヌス四世との交渉を開始したという歴史的情勢である。この交渉のはじめ頃、南イタリアのカラブリア地方コトローネのニコラウス司教が『ギリシア人の誤謬を駁して、聖霊の発出と三位一体の信仰を論ずる小著』と題する書物を著して、実はギリシア教父たちは（これまで東方教会が信条《クレド》への挿入に強く反対してきた）「（聖霊は）御子からも Filioque（発出する）」という西方ローマ教会の教義を教えていたのだ、ということを示そうと試みた。この書物を手にしたウルバヌス四世はトマスにその検討を依頼し、それに応えて書かれたのが右の作品であった。

この書物は二部からなり、第一部では多くの誤解を招きやすい教父たちの権威あるテクストについて、それらはどのように理解すべきかが論じられ、第二部では問題の『小著』にふくまれている権威あるテクストからして三位一体、および教皇首位権などに関する真の信仰がいかに教えられ、いかに誤謬から守られるべきかが論じられている。このなかで第一部の序言はこの書物の内容、および翻訳の問題についてのトマスの考えを示していて興味深いので、次に訳出しておきたい。

「ウルバヌス教皇聖下、私は聖下が私に示された小著を注意深く読み、そのうちにいかに多くの、われわれの信仰の主張にとって有益かつ明瞭なことがふくまれているかを見出しました。しかし、聖なる教父たちの権威あるテクストにふくまれている若干のことは疑わしく思われ、争論を好む輩に中傷のための材料と機会を与えることからして、多くの人々においてこの小著がよい実を結ぶことが妨げられうると私は考えます。したがって、前述の小著にふくまれている権威あるテクストからすべての曖昧さを除去して、人々が真の信仰の最も純粋な果実を手にするように、私は第一に前述の権威あるテクストにおいて疑わしく思われる事柄を解明し、ついでそれらからしていかにカトリック信仰の真理が教えられ、弁護されるかを示そうと企てたのであります。

ところで昔の聖なる教父たちの言明のうちに、今日の人間には疑わしいと思われることが見出されるのは二つの理由によるものと私は考えます。すなわち、第一は信仰に関して生じた諸々の誤謬が、教会の聖なる教師たちに、生じた誤謬を除去するためにより大いなる注意深さをもって信仰に属する事柄を論述する機会を提供したということであり、これはアリウスの誤謬に先立って活躍した聖なる教師たちが、その後で活躍した教師たちほどには、神的本質が唯一であることについて明示的に語らなかった、ということにおいてあきらかなごとくであります。……

第二は、ギリシア語においては適切な言い方が、ラテン語においては――ラテン人とギリシア人は同じ信仰の真理を異なった言葉で告白することのゆえに――おそらく適切な言い方ではない、という理由によるものであります。というのも、ギリシア人のもとでは、父と子と聖霊は三つのヒュポスタシス（独立実体）であるという言い方は正しく、カトリック的であるが、もしラテン人のもとで誰かが父と子と聖霊は三つのスブスタンティア（実体）であると言ったならば――用語の本来の意味に即してギリシア人のいうヒュポスタシスはラテン人のいうスブスタンティアと同一ではあるが――正しい言い方ではないからであります。なぜなら、ラテン人のもとではスブスタンティアはより普通にエッセンティア（本質）の意味に解されるならわしであり、そしてエッセンティアはわれわれ（ラテン人）もギリシア人も神的な事物において一であると告白しているからであります。このことのゆえに、ギリシア人が三つのヒュポスタシスと言うように、われわれは三つのペルソナと言うのであり、それはアウグスティヌスも『三位一体論』第七巻において教えているごとくであります。また、他の多くの事柄においても事情は同じであることを疑う余地はありません。

それゆえに、カトリックの信仰に属する事柄を翻訳するにあたっては、教え（そのもの）を保持して、語り方の方は（それへと）翻訳が為されるところの言語の特性に即して変化させることがよい翻訳者の職務に属することであります。というのも、ラテン語において学問的にのべられていることを通俗的に説明するにさいして、もし常に言葉を一対一の仕方で移しかえたならば説明は不適切なものとなるであろうが、まして一つの言語で語られていることが一対一の仕方で他の言語に翻訳されたならば、何らかの疑義がそこに残っても驚くべきことではないであろうからであります。」

完璧な註釈『四福音書連続註釈』

ウルバヌス四世の要請を受けて着手された第二の作品は、後に『黄金の鎖』として知られるようになった『四福音書連続註釈』である。この註釈はオルヴィエト滞在中のトマスがおそらく当時としては最高度に整備されていた教皇庁の文献資料を駆使して、数多くの教父たちの著作のなかから聖書解釈に役立つものを選びだし、あたかも一人の著者による一個の著作のような一貫性をもたせて編集したもので、トマスがいかに聖書本文および教父たちの著作に親しんでいたかを示すものといえる。優れたトマス学者I＝T＝エッシュマンはこの書物を、その背景となっているきわめて周倒なギリシア教父神学思想についての研究のゆえに、トマス自身の神学の発展における一つの転回点であるのみでなく、じつにカトリック教義《ドグマ》の歴史における転回点を示すものである、とまで高く評価している。この著作にたいする高い評価はカトリック内部にとどまるものではなかったことを示す例として、次に一九世紀オックスフォード大学リンカーン学寮のM＝パティスンの言葉を紹介しておく。

「(これ以前の註釈は) 部分的で気まぐれな書き方をしており、一つの箇所について詳述するかと思うと、それと同じ、あるいはより困難な箇所は見過ごしてしまっている。しかし聖トマスの『註釈《カテナ》』を読んで、その編著にあたって傾注された見事な綜合の手続きに驚嘆しないことは不可能である。最高の学識、たんなる形ばかりの知識ではなく、古代教会の全般についての徹底した通暁《つうぎょう》ぶり。一ページ全部の議論を数語に圧縮できるほどの各著作家の著作様式の熟知、この厖大《ぼうだい》な知識において示された明瞭で秩序正しい整理能力――これらの特質によって、この註釈《カテナ》は教父解釈の概観としておそらくほとんど完璧なものとなっている。他の人々による編集書においても研究・勤勉さ・学識のほどは見出されよう。しかし本書はたんなる編集書であるとはいえ、神学の全領域におよぶ見事な把握を立証するものである。」

詩人的魂の鼓動

第三に神学者であって体系的思想家であるトマスが詩人としても長く記憶される機会を提供したのもウルバヌス四世であった。ウルバヌスは若い頃ベルギーのリエージュで勤務していたとき、その地で盛んであったキリストの聖体にたいする信心に接していたが、教皇になってからもこの信心にたいする関心を強め、一二六四年聖体の祝日を制定することを布告するにあたって、トマスに当日のミサの典礼もふくめて、聖務日課をつくることを命じた。

聖体の祝日の祈りや讃美歌がトマスの作であることを否定する学者もいる。しかし注意しなくてはならないのは、古い伝記者トッコのギレルムスが記しているように、トマスが「教皇ウルバヌスの命令でキリストの聖体（の祝日）の聖務日課を書いた」のはこの「秘跡にかかわるすべての古い予表を解説し、新しい恩寵にかかわるすべての真理を収集した」との意味においてであって、トマスがそれらすべてを創作したことを意味するのではない、ということである。さまざまの既存の資料を用いつつも、それらを編集し、加筆して、今なお歌われ唱えられている讃美歌（パンジェ－リングア、ラウダ－シオンなど）や祈りへと仕上げたのはトマスであることは疑いをいれない。これらの聖体をたたえる歌が「毎年この世が最もうるわしい時節、春と夏とが相逢うのとき、……ブダペストではドナウの川波にのり、ケルンではラインの水にのって鳴りひびき、村々では穀物の波うつ田畑のなかをならんで通る人々の口から流れでるとき」(ヘルマン＝ホイヴェルス神父)われわれがそこで聴きとっているのはトマスその人の信仰と思索のみのりであり、かれの詩人的魂の鼓動である、ということができよう。

ローマに神学大学設立　一二六五年アニャーニで開かれたドミニコ会ローマ管区会議は次の決定を下した。

「われわれはトマス＝デ＝アクィノ修道士にもろもろの罪の赦しのためローマに神学大学を設立することを命ずる。われらはかれのもとに勉学のためにとどまる修道士たちがそれぞれの出身地なる修道院から必要とする衣服を支給されることを望む。しかし、もしそれら修道士たちが勉学を怠けることがあったならば、われらはトマス修道士にかれらをそれぞれの修道院に送り帰す権限を与えるものである。」

この決定にもとづいてトマスはローマのアウェンティヌスの丘の上に建つドミニコ会のサンタ＝サビーナ修道院のなかに、かつて師アルベルトゥス＝マグヌスがケルンで試みたように新しい神学大学を発足させたのである。「大学」とはいっても、神学のほかに哲学部門をそなえた綜合的な大学ではなく、教師トマスを中心にローマ管区の各修道院から派遣された修道士からなる小規模の研修センターであった。しかし、この時期のものとされるいくつかの『正規討論集』から推察すると、トマスは聖書講義のほかに、パリ大学で行われていたのと同じやり方で討論を行い、この新しい神学大学を学問的に高い水準で運営しようと努力したようである。そして、かれの場合、このような教師としての教育的配慮はそのままかれの思想の成熟と結びついていた。ここではトマスの形而上学思想および倫理思想の成熟を示すものとして正規討論集『神の能力について』および『悪について』にふれておくことにしたい。

形而上学思索の成熟

『神の能力について』

『神の能力について』は創造、神と被造物との関係、三位一体などをめぐる諸問題をとりあげているが、様々の箇所で存在するもの《エンス》と存在《エッセ》、可能態と現実態、因果性と分有など、形而上学の基本的な問題について、それ以前の著作にはなかった独自の理解が示されていて、トマスの形而上学的思索の成熟を示している。この時までには、トマスはアリストテレスの著作についての詳細な研究を行い（その成果としての註解書が次々と刊行されるのはこの次の時期であるが）、それに加えてプラトン的な「分有」思想の形而上学的意義についても思索を深めていた。さらに『対異教徒大全』第二巻において創造の問題を深く考察することによって、形而上学ないし存在論を、創造論を中軸とする仕方で体系化する構想が明確な形をとり始めていた。つまり、諸々の存在するもの《エンス》の考察は、それらすべてを存在《エッセ》せしめる第一の根源としての存在そのものとの関係において、いわば後者の光の下に行わなくてはならないという立場――存在《エッセ》の形而上学――が確立されたのである。

この点に関して、トマスはたとえば第三問題第五項で自らが到達した存在《エッセ》についての洞察を、初期ギリシア哲学からプラトン、アリストテレスにいたる実在の探求をめぐる哲学史を概観することを通じて提示している。感覚によって捉えられるかぎりでの実在から、知性によってのみ捉えられる実在としての実体的形相の認識へ進み、さらに諸々の形相にとって形相もしくは現実態であるような存在そのものの認識に到達したことによって、万物を存在へともたらす何らかの原因がなくてはならぬと主張することができた、というのである。創造と存在《エッセ》とのかかわりは第七問題第二項においても明確にされているが、ここでは同項の第九異論解答でトマスが存在《エッセ》について、かれにしては珍しく「私は言う《ディコ》」と一人称単数の言い方を多用して語っているところを引用しておこう。

「私が存在《エッセ》と言うところのものはすべてのもののなかで最も完全なものである。そのことは現実態は常に可能態よりもより完全である、ということからしてあきらかにされる。ところで、いかなる特定の形相もそれが存在へともたらされることによってでなければ現実には認識されない。というのも、人間性あるいは火性は質料の可能態のうちに、もしくは作動因のちからのうちに在るものとして考察されるが、それを現実に在るものたらしめるのは存在《エッセ》をもつということである。ここからして、私が存在《エッセ》と言うところのものは、すべての現実態の現実性であり、このことのゆえにすべての完全性の完全性であることはあきらかである。また私が存在《エッセ》と言うところのものにたいして何かがそれよりもより形相的なものとして、現実態が可能態を規定するるようにそれを規定するものとして、付加されるというふうに理解すべきではない。……存在《エッセ》は他のものによって可能態が現実態によるような仕方で規定されるのではなく、むしろ現実態が可能態によるような仕方で規定されるのである。……」

「トマス的綜合」の要

『悪について』は悪と罪にかかわる様々の問題を論じており、とくに悪の原因について徹底した仕方で考察している第一問題第三項は、この問題に関心を抱く者にとって必読の箇所である。しかしここではトマスの形而上学思想の成熟がその倫理思想の展開あるいは明確化と結びついている例として、第六問題「人間的選択について」を取りあげておきたい。

ここでトマスが試みているのは、人間の意志はあることを選ぶことへと必然的に動かされるという見解への反駁であるが、そこにはかれ自身がそれまで意志の自由、ないし自由意思に関してのべたこと――そこに誤解を招く余地があったこと――への反省を読みとることができる。たとえばかれはかつて『真理について』第二二問題第五項において、人間の意志は何事かを意志することへと強制されることはないが、「自然本性的傾向の必然性」という意味ではあることを「必然的に」意志するとのべ、第八項ではそのことと対応して、神は人間の意志を強制することはできないが、必然的に動かすことはできる、とのべていた。さらに第二四問題第一、二項では人間における自由意思ないし選択の自由を、自分自身の働きに立ち帰りうるという理性の基本的構造によって論証し、「自由の全体の根元は理性のうちに確立されている」と結論した。こうした議論がトマスは人間の意志の自由を根源的に確立せず、知性（理性）を偏重しているという誤解と批判を呼びおこしたであろうことは十分に想像できる。

こうした誤解を避けるために、『悪について』のこの箇所では意志が動かされるのは、その行為を確定する対象の側から、および行為の遂行の側面においてであることを明確に区別し、意志が必然的に動かされるという言い方が妥当するのは前者についてのみであって、後者についてではないことを強調する。同様の説明がこの後『神学大全』第二部においても為されており、意志の自由を否定しているかのような誤解を避けるための配慮が為されている。さらに、そこでは自由の根元という言い方についても、理性は自由の原因という意味で（のみ）自由の根元なのであって、自由を担うものという意味での自由の根元は意志である、と補足されている。

しかし、ここで注目したいのはこうした注意深い言い方自体ではなく、このような意志の自由についてのより精密な理解が、存在《エッセ》についてのより深い形而上学的洞察によって可能となった、という点である。すなわち、『悪について』においてトマス自身がのべているように、人間の意志が根源的に自由であることとは、実は意志を第一に動かすのは神であるということによって基礎づけられている。より詳しくいうと、意志の自由は神がすべての働きをなす者において最も奥深く・親密に働きかけていること、しかもこの働きかけ・動かしがそのまま当の働きをなす者の最も根源的で能動的な働きにほかならない、という洞察によって基礎づけられているのである。そのことは次の形而上学的洞察を前提とする――つまり、存在そのものたる神から与えられた存在《エッセ》こそはいかなる事物にとっても最も親密であり、すべてのものに最も奥深く内在するものである、という形而上学的洞察がそれである。

じっさい、存在《エッセ》の形而上学は、(存在《エッセ》を分有することになって存在する) 被造物にたいする、(自らの本質によって存在《エッセ》そのものである) 神の内在と超越とを、おそらく人間の言語に可能なかぎりでの最大の明晰さをもって語ることに成功したといえるであろう。「トマス的綜合」ないしトミズムと呼ばれる、神学と哲学とを区別しつつ統一しようとする試みの要《かなめ》となっているのは、ほかならぬこのような存在《エッセ》についての形而上学的洞察であった。

初心者のための入門書『神　学　大　全』　トマスは一二六六年、つまりパリ大学で神学教授として活動を始めてから約一〇年間従事した神学教育の経験にもとづいて『神学大全』の著作に着手した。この著作はしばしば中世キリスト教文化の生んだ偉大な作品であるゴシック大聖堂にたとえられる。その全体としての均整美、徹底的に考えぬかれ、練りあげられた議論——技術ないし人工の極致を示す建築の諸部分にもたとえられる——から構成されていながら、あたかも事柄そのものが語りだしているかのような印象を与える自然さと単純さ、などが指摘されるのである。しかし、著者自身が意図したのは初心者のための神学——トマス自身の用語では「聖なる教え」の教科書を書くことであった。序文でトマスは次のように言う。

「カトリック真理の教師は進んだ学生達を教えるべきであるにとどまらず、使徒パウロが『コリント人への第一書翰』（3・1）で、《わたしはキリストにある幼子に対するように、あなた方には乳を飲ませて、かたい食物を与えなかった》と語っているところにしたがって、初学者を教導することもまたかれの職務であるから、この著作においてわれわれの意図するところは、キリスト信者の敬神に属する事柄を初学者の教導にふさわしい仕方で伝えることである。

というのも、われわれはこの学問の初学者たちがさまざまな人の書いたものによって大いに妨げられているのを見てとったのであって、その理由は、一つには無用な問題・項・論証の増加によるものであり、また一つにはこうした人々が必ず知っておくべき事柄が学習の順序によらず、むしろ書物の解説の上で必要になったとか、そのことを討論する機会が到来したことにもとづいて教えられるためであり、さらにまた一つには、同じことがしばしば反復される結果として聴講者の心に倦怠と混乱が生じるということによる。

それゆえわれわれは、これら、および他のこの種の欠陥を避けようと努めながら、神助に依頼しつつ、聖なる教えに属する事柄を、対象が許容するかぎり簡潔かつ明瞭に追求することを試みてみよう。」

ここでトマスがいう「学習の順序」にたいする配慮は、何よりもこの書物の基本的な構成において認められる。すなわち、トマスは聖なる教えは何を主題とするのか、という問題に関して、「もの」と「しるし」、「恢復《かいふく》の業」、「キリストの全体」などがそうであるとする当時の権威ある学説は不十分であるとした上で、端的に、聖なる教えの主題は神であり、そこにおいてはすべてが神の観点の下に論じられる、と主張する。そして、主題としての神について考察する順序について次のようにのべる。

「このように聖なる教えの主要なる意図は神について、しかもそれ自身において見られた神のみでなく、諸々の事物、とりわけ理性的被造物の根源であり、目的・終極であるかぎりでの神についての認識を与えることであるから、この教えの解明を意図するわれわれは、第一に神について、第二に神へと向かう理性的被造物の運動について、第三に、人間であり給うかぎり、われわれにとって神へと向かうための道であり給うキリストについて論じることにしよう。」

これがトマスによると聖なる教えを初学者が学ぶにあたってのふさわしい「学習の順序」であった。そこではあきらかに、万物をその始源としての一者からの発出、および終極としての一者への還帰として理解する新プラトン哲学の原理が適用されているが、実はトマスにおいてそのような発出と還帰についての考察は「道」であるキリストの理解へと導くための準備にほかならなかった。じっさいには、神的創造による万物の発出も、神への万物、とりわけ人間の還帰も、神が自らを与えることとしての恩寵の業であり、したがって恩寵の業の完成としてのキリストなしには理解できないのであるが、そのキリストの光に近づくためには、初学者の精神は創造主なる神からの万物の発出と、目的なる神への万物の還帰を考察することによって強められる必要がある、というのがトマスの考えであり、その考えが具体化されたのが『神学大全』における「学習の順序」であった。

「神のかたどり」としての人間

『神学大全』の三つの部分にふくまれている主要な論考は次の通りである。

第一部　聖なる教え、唯一なる神、三位一体なる神、創造（悪の考察をふくむ）、天使、人間、（万物の）統宰。

第二部（その一）　人間の究極目的ないし至福、人間的行為、情念、習慣と徳、悪徳と罪、法、恩寵。

第二部（その二）　対神徳（信仰、希望、愛徳）、倫理徳（知慮、正義、勇気、節制）、預言、観想的生活と実践的生活、職務と身分。

第三部　キリスト、秘跡（第九〇問題、悔悛《かいしゅん》の秘跡の中途まで）。

『神学大全』は全部で五一二の問題をふくむが、注目に値するのはトマス自身「倫理的な事柄」を論じる部分であるとしている第二部が三〇三の問題をふくんでいることである。これはトマスが第三部を予定通り書き上げていたとしても、量的に『神学大全』の半ばを占めることになる。「神」を主題とする著作の半ばを倫理的考察にあてることは異常であり、不適切ではないのか。いったいトマスの真意はどこにあったのか。とりわけ体系的神学書の中心部分に詳細な倫理的考察をおくことは当時としてはまったく革新的な試みであり、それ以後、近代においても類似の例がない独自の構想であるだけに、この問題を見過ごすことはできないであろう。

トマスは第二部の序言で第二部の主題は「神のかたどり」としての人間である、と明言している。そして見落としてはならないのは「かたどり」という言葉は「原型」にかたどって、それに似せて造られたもの、という受動的・静的な意味においてではなく、自由意思と自己の行為にたいする支配力を有するかぎりにおいて、人間もまた（いうまでもなく創造主たる神に全面的に依存してはいるが）自らの行為の根源であり、自らの世界をつくりだす者である（その意味で神に似ている）、という能動的・動的な意味での「かたどり」たることが強調されている点である。トマスはこの意味での「神のかたどり」としての人間が神に向かって歩む道を詳細にたどることが、神と、まことの神であってまことの人間であるキリストの真の認識に到達するために必要不可欠であると考えていた。このようなトマスの立場は、人間を基本的に神から独立・自律的な存在として捉える近代の人間観に親しんでいる者にとってはほとんど不可解なものと映るが、近代思想の全体が根本的な見直しを迫られている現在、あらためて検討に値するのではなかろうか。

新しい発見の可能性を秘め

ところで、各々の問題はいくつかの項からなり、『神学大全』の構成単位である項は総数二六六九である。それぞれの項は「……であるか」という問いの形をとっていて、この書物の全体が問い、あるいは探求の精神につらぬかれていることを示す。各々の項の構造について一言すると、まず「……と思われる」という言葉でいくつかの異論がとりあげられる。これら異論はたんに修辞的な装飾、「わら人形」ではけっしてなく、むしろ当の問いをめぐってそれまでに為された探求の総決算であり、それに立ち向かおうとするこの書物は強い批判あるいは対決の性格をおびている。しかもこれら異論は、しばしばそれら相互間に見出される対立・緊張関係からして、より高次の立場からの綜合の可能性を示唆するものである。次にくる反対異論において異論と対立する論拠が提示される。それはしばしば聖書、教父の著作、アリストテレスなど、いわゆる「権威」から取られているが、トマスはいつでも同じ仕方で権威に訴えているのではなく、むしろ引照された権威はかれ自身のより高次の立場からの綜合の試み、あるいは新しい探求のなかに組みこまれているのである。ついで「私は答える……」という言葉で始まる主文においてトマスは自らの解答を与える。しかし、そこでかれは最終的な解決を与えるというよりは、むしろそれまでの探求にまつわりついていた曖昧さや不明確さを、様々の区別を導入することによって克服し、事柄自体への問いと探求をさらに進めようと試みている、と見るべきであろう。そして最後に「異論解答」において、主文で獲得された新しい視点から異論が捉えなおされ、解答が与えられている。

『神学大全』の第一部を書き終えたところでトマスのイタリア滞在は終わり、このあと約五年間にわたって第二部はパリで、さらに未完に終わった第三部はナポリにおいて書き続けられることになる。もともと初学者のための神学入門書として書かれた『神学大全』は、しだいにペトルス＝ロンバルドゥスの『命題論集』にかわって権威ある著作と見なされるようになり、一六、七世紀以降はおびただしい註釈書が書かれた。しかし、それら註釈家たちによって『神学大全』の基本思想がすべて解明しつくされたのではないことは、こんにちトマス学者たちの間にいくつもの「学派」が形成されて、論争が続けられている事実が示す通りである。中世ゴシック大聖堂が現代においても常に新しい讃美と驚異の源泉であるように、『神学大全』も多くの新しい発見の可能性を秘めているように思われる。

Ⅵ　第二回パリ時代

挑戦と応答

再びパリ大学教授として

一二六八年秋、トマスはドミニコ会総長ヴェルチェリのヨハネスの命令で、ドミニコ会がパリ大学神学部で確保していた講座の一つを再度担当するためにパリへ向かった。当時の慣例からいって、パリ大学教授経験者を再び教授に任命することはかなり異例であったが、総長ヨハネスはパリ大学神学部のもう一つの講座についても教授経験者であるタランタシアのペトルスを選んで再度の就任を要請している。ヨハネスがこのような異例の人事にふみきったのは、パリ大学における新しい状勢をドミニコ会にとっての危機と受けとめたからであったが、いったい一二六〇年代の後半、パリ大学ではどのような新しい状況が発生していたのか。

かつてパリ大学でドミニコ会、フランシスコ会などの托鉢修道会にたいする攻撃の首謀者であったサンタムールのギヨームは、一二五七年、パリから追放され故郷サンタムールにもどって後も、パリのジェラール＝ダヴェヴィユ、リジューのニコラなどの同志と連絡をとりつづけ、攻撃再開の機会を狙っていた。そして、一二六六年には新教皇クレメンス四世に『カトリック的、正典的聖書講話』と題する文書を送って、一〇年前と同じ論調で托鉢修道会を非難した。これに呼応してパリではジェラールが中心となって――かれらはジェラールの名をとって「ジェラルディニ」と呼ばれた――任意討論や説教を通じて托鉢修道会にたいする理論闘争を開始したのである。今回の托鉢修道会にたいする攻撃は前回のように暴力・威嚇《いかく》などの実力行使には訴えず、もっぱら文書・言論によるものであったが、他面、たんにパリ大学から托鉢修道会を追い出すことを目ざすのではなく、托鉢修道会の存在理由そのものを否認することに重点が置かれている点で、前回よりもはるかに深刻な性格のものであった。総長ヨハネスがドミニコ会きっての有能な会員をパリ大学に配置して、この危機をきりぬけようと考えたのも当然であったといえよう。

ところでこの時期トマスがパリ大学で直面した論敵は「ジェラルディニ」だけではなく、アリストテレス解釈をめぐって人文学部の教授ブラバンのシゲルスを中心とする、いわゆるアヴェロエス派とも論争を交えなければならなかった。それだけではなく、トマスがアリストテレス研究を通じて導入した「哲学的革新」は、キリスト教的な世界および人間理解とは相容れない危険思想であるとして、これを(右のアヴェロエス派と一緒に)異端視した保守的な神学者のグループ、いわゆるアウグスティヌス派とも対決しなければならなかった。

このように二度目のパリ大学教授としてパリで過した三年間を通じて、トマスは三方からの挑戦にたいして応答しなければならなかった。トマスがこれらの論争をそれ自体として楽しんだとは思われない。とりわけ同じ托鉢修道会であるフランシスコ会の同僚たちを敵に廻さなくてはならなかった第三の論争はかれのうちに苦い思いをのこしたに違いない。しかし他方、「鉄は鉄によって鋭くされる」（『知恵の書』27・17）という聖書の言葉を好んで引用したトマスは、真理の探求における論争・対話の重要性を十分に自覚していた。じっさいに、かれは「ジェラルディニ」との論争においては修道士としての自己の生き方を鋭く問われ、修道生活の理想を明確にすることを迫られたし、アヴェロエス派やアウグスティヌス派との論争においては哲学と神学との関係をはじめ、創造、霊魂と身体との合一、意志の自由などの問題について根本的な検討を迫られ、それによってトマスの思想はその内容と表現において大きな発展をとげたように思われる。イタリア時代の一〇年間に成熟をとげたトミズムは、パリ時代の激動の三年間に一挙に開花したのである。

トマス＝アクィナス
ボッティチェリ画

偉丈夫トマス

トマスの生涯のうちで最も活動的であり生産的であった三年間についてのべるに先立って、かれの外貌について一言のべておこう。トマスが旅行の途中か、あるいは修道会総会への出席のためにボローニャに滞在していた折のこととして次のエピソードが伝えられている。

一人の若い修道士が、思索にふけりつつ修道院の回廊を歩いていたトマスをつかまえて、かれが何者であるか知らないまま、「わたしは街《まち》へ用足しに行くが、最初に目についた者を一緒に連れていってよいという許可を修院長からもらっているからついてきなさい」と命じた。トマスは承知していっしょに歩き出したが、足早な連れに、ともすれば遅れがちになり、そのたびに文句をいわれた。ところが道を行きかう人々のなかにトマスを知っている人があり、かくも高名な教授が年少の修道士にしかりつけられているのをいぶかって、当の修道士にあとからついてくるのが何者であるかを教えた。若い修道士は大いに恐縮してそれまでの非礼をわびた。そこでその人はトマスに近づき、かれの謙遜さを賞讃したが、トマスはただ「修道生活は従順によって完全なものとなるのです」と答えた、という。

伝記者はトマスの謙遜さを示すものとしてこの出来事を物語っているのであるが、トマスが若い修道士に歩調を合わせられなかったのは、その人なみはずれた巨体のためであったと思われる。トマスはあまりに肥えていたのでその大きなお腹《なか》がおさまるよう丸くくりぬいた食卓についていた、という話はおそらく自分も巨漢であったチェスタートンが流行《はや》らせた作り話であろうが、かれが大男であったことは同時代人の証言にてらして間違いない。グイのベルナルドゥスが描写している次のようなトマスの外貌は、おそらく四〇代半ばのこの頃のものと思われる。

「かれは身の丈高く、肥満していた。かれは心の正しさにふさわしく、姿勢が正しかった。かれの顔色は、なにごとにも中庸を保っている人にふさわしく、熟《う》れた小麦の色であった。かれの頭は、理性に仕える感覚能力の完全性が、完全な器官を要求するのに応じて、大きかった。髪はいくぶん薄くなっていた。かれの体は、精妙な知性の持ち主に見られるあのデリケートさをそなえていたが、しかも雄々しく、動作はちから強かった。かれはまた神の力によりたのむ魂の力によって、いかなるおそろしいことの前にもひるむことはなかった。……」

しかし、ベルナルドゥスはこの偉丈夫トマスが雷をおそれた、とわざわざ付け加えている。「ところが雷雨や嵐のときには、トマスはいわばそれで身を守るかのように十字をきり、《神は人となってわれわれのもとにくだり、われわれのために死に、よみがえり給うた》と唱えるのをつねとした。」

トマスの外貌についてのべたついでに、かれが講義や説教、そして著作の激務から解放された、寛《くつ》ろぎの時に見せた感情にふれておこう。一三一九年七月二一日から九月一八日までナポリ大司教館で行われたトマス列聖調査委員会による証人調べのなかで、カプアのバルトロメウスは多くの目撃者から聞いたと断った上で次のエピソードを物語っている。ある日、トマスは学生たちとパリの北にあるサン-ドニ修道院へ巡礼にでかけたが、その帰途パリ市の全景が眺められる小高い丘で一休みしたとき、かれと学生たちの間で次の会話が交された。

「神父様、何とも美しい町ですね、このパリは。」トマス修道士は答えた。「たしかに美しい。」そこで（若い）修道士はいった。「この町が貴方のものであったらよろしいのに。」そしてトマス修道士は答えた。「いったい私に何ができるかな。」そこで（若い）修道士はいった。「貴方はそれをフランス国王に売って、その金でドミニコ会修道士のための施設を全部お建てになることができます。」そしてトマス修道士は答えた。「本当のことをいえば、私はクリュソストモスの『マタイ福音書註解』の方を手にいれたいね。」

古い伝記者はこの話をトマスが現世の財宝や名誉に無関心であったことの証しとして物語っているが、むしろトマスも時には学生たちとユーモラスな会話を交すことがあった、と解した方がよいのではないか。

修道生活の弁護

この時期、托鉢修道会にたいして向けられた非難は主として次のようなものであった。すなわち、托鉢（＝乞食）修道会の会員が肉体労働によらず、托鉢・喜捨にたよって生きてゆくのは、額に汗して働くべしという聖書のおきてに反しており、またかれらが説教をするのは司教の特権を侵すもの、さらに罪の告解を聴くのはそれぞれの地域の司牧の権限を無視するものであって、これらすべてにおいて托鉢修道会の活動は神的権威によって確立された法にたいする違反行為である。これに加えて、托鉢修道会はまだ判断能力を身につけていない年少者を誘って入会させている、という非難もあった。

これにたいするトマスの応答は『神学大全』第二―二部の終わりの部分「職務と身分の分化についての論考」（第一八三―一八九問題）で体系的に為されているほか、『任意討論集』のなかのいくつかの箇所でこの問題に触れている。トマスによる修道生活の弁護を正しく理解するためには、第一に「修道生活」「修道会」などと訳される religio の意味をあきらかにしておく必要がある。こんにち、普通に「宗教」と訳される religio は、キケロが「人々が神的と呼んでいる何らかの高次の本性にたいして奉仕と祭儀・礼拝を捧げる（ところの徳）」（『修辞論』2・53）とのべているように敬神の徳であり、トマスはそれを正義に付属する諸々の徳の一つと見なしている。すなわち、敬《レリ》神《ギオ》とは被造物である人間が創造主たる神にたいして負うているものを、ふさわしい仕方で神に帰せしめることにかかわる徳であり、すべての人間が人間であるかぎり身につけるべき倫理徳である。ところが万人が身につけるべき倫理徳としての敬神《レリギオ》を、あたかも自分自身をホロコーストのように、神への奉仕と礼拝のために献げ尽くすところまで完全に実現すること、それが修道生活《レリギオ》にほかならない。つまり敬神《レリギオ》においては、われわれは神への奉仕と礼拝のために「何もの」かを捧げるのであるが、修道生活《レリギオ》においては「自らと自らの持ち物をすべて」捧げる、という違いはあるが、修道生《レリギ》活《オ》の理念は万人の事としての敬神《レリギオ》を完全に実現することにほかならず、修道生活が正当化される根拠は究極的にそこにある、とトマスは考えている。

第二に、トマスの修道生活弁護論において重要な位置を占めているのは「身分」の概念である。トマスが弁護しているのは身分としての修道生活であって、個々の人間について修道士だからより完全であるとか、教区聖職者だから完全ではない、などの主張をしているのではない。トマスによると身分とは、人間本性にかかわりのある何らかの恒久的な状態であり、その代表的なものは自由人、あるいは奴隷としての身分である。修道生活も、右にのべたように敬神の徳の完全な実現をめざす者が自発的清貧、恒久的禁欲および従順――それらによって自己と自らの持ち物がすべて放棄される――の誓願を立てることによって入ってゆくところの恒久的な状態であり、神と隣人にたいする愛の完全性をめざす者という意味で「完全性の身分」にほかならない。

したがって、修道生活の身分に身をおいていても、現実に完全な生き方を実践していない者もありうるし、逆にそうした身分のうちにいなくても完全な生き方を実践している者もある。生き方の完全さは自らを全面的におしみなく神の意志に従わせること、つまりひたすら神を愛することに存するからである。しかも、トマスがここで問題にしているのは人間の内面的な完全さではない。それについて裁きうるのはただ神だけである、とかれはいう。議論の対象となっているのは、ただ外部にあらわれた人間の生き方であり、この意味でのさまざまの身分があることによって教会の美が発揚されるのだ、とトマスは主張しているのである。

『神学大全』における体系的な修道生活弁護論のほか、トマスは二つの論争的な著作を書いて、直接に反対者の攻撃に応答した。その一つは『霊的生活の完全性について』であり、これが反対勢力とのいわばつばぜりあいのなかで書かれたものであることは、第二一章のはじめの次の言葉が示している。

「ある者は論争の熱狂にかられて、自ら語るところにも聴くところにも当然の注意をはらわず、なおも異論をのべて上述の事柄を攻撃しようと欲している。これらの攻撃は、私が以上の事柄（第二〇章まで）を書いたのちに手もとにとどいた。それらを反駁するためには、さきにのべた事柄のうちのあるものを再論することが必要である。」

激しい挑戦の言葉

トマスはこれらの論争的著作の全体を通じて、冷静に、相手方の論点を一つ一つ反論しているが、時として激しい言葉を発することもある。たとえば右の著作の第二三章のはじめに、反対派の議論を「軽率で、笑うべきものであり、多くの点で誤りである」ときめつけているのはその一例である。さらに年少者の修道会入りについて論じた『人々が修道会に入るのを妨げる者共の有害なる教説を駁す』は次の激しい挑戦の言葉で結ばれている。

「以上が、人々が修道会に入ろうとするのを妨害する者どものまちがった、有害な教えに反対して書いておくべきこととして、いま頭に浮ぶ事柄である。もしそれらに反論したいと望む者があったら、その者は子供たちの前でおしゃべりせず、書きおろして、その書いたものを公共の場に提示するがよい——賢明な人々がその真理について判定を下すことができ、またそこにふくまれている誤謬が真理の権威によって反駁されるように。」

トマスにこのような激しい言葉をはかせるほどに白熱した論争であったが——ついでながら、この論争を通じて浮び上がった「福音的清貧」の解釈をめぐって、このあとフランシスコ会の内部では深刻な分裂が生じることになる——その結末はあっけないものであった。すなわち、一二七二年九月にサンタムールのギヨームが没し、そのあとを追うかのように二か月おくれてアヴェヴィユのジェラールが死んだことによって、この論争は幕が下りたのである。

アヴェロエス派との論争

この時期にトマスが従事した第二の論争はアヴェロエス派を相手とするものであったが、「アヴェロエス派」という名称は、スペイン、コルドバ生まれのイスラム思想家イブン＝ルシド（一一二六～九八）——ラテン世界ではアヴェロエスとして知られた——の解釈を至上のものとしてアリストテレス哲学を理解することに徹したところから生まれたものである。アヴェロエスはアリストテレスの主要著作について詳細な註釈書を書き、トマスもかれを「註釈家」と呼ぶ当時の慣習に従っている。トマスの論敵となった学派を「アヴェロエス派」あるいは「ラテン＝アヴェロエス派」と呼ぶことについては異論を唱える研究者もあり、むしろ「過激アリストテレス主義」と呼ぶのが適切だとする説もあるが、トマス自身「アヴェロエス派にたいして」という言葉を用いているので、それに従うことにしたい。

この頃パリ大学人文学部でアヴェロエス派を代表していたのは若い（二〇代の後半）ブラバンのシゲルスであった。シゲルスの名前が後世に伝えられたのは、ダンテが『神曲』天国篇（X・133～138）で、トマス、アルベルトゥス、ソロモンなど一二賢人の仲間にかれを加えたことによるところが大きい。その生涯について詳しくは知られていないが、一二四〇年ごろベルギーで生まれ、パリ大学の人文学部で学び、六五年頃教授となり、学部内で頭角をあらわし、後述する七七年の異端断罪の標的となり、釈明のため教皇庁に赴いたが、数年後にオルヴィエトで発狂した秘書に刺殺されたと伝えられる。一説によると、シゲルスはトマスとの論戦を通じてしだいに説得され、最後はトマスの立場を受けいれたとされるが、残されたかれの著作からはこのことは確認できない。

トマスがアヴェロエス派、ないしかれらが解釈したかぎりでのアリストテレス哲学にたいして激しく反対したのは当然であった。というのも、かれらは、(1)すべての人間においてただ一つの知性しか存在しない（したがって個々の人間が自らの行為について責任を問われることはない）、(2)意志は必然性によって支配される、(3)世界は永遠である、(4)個々の人間の霊魂は可滅的である、(5)神の摂理は個々の人間には及ばない、など信仰の真理と正面から対立する命題を哲学的に論証された事柄――かれらはそれらを「真理」とは呼ばなかったが――として主張したからである。この場合、かれらは信仰の真理を否定したのではなく、むしろ厳密な意味での真理は信仰の真理だけであると考えていた。しかし、かれらによると哲学においては右の諸結論は不可避であり、したがってそれらは理性によって確立されたものと見なすべきであった。したがって、アヴェロエス派は現実に「二重真理説」――相互に対立的な信仰と理性の真理を同時に承認する立場――を唱えたとはいえないが、かれらの立場がそのようなものと受けとられたことも当然のなりゆきであった。

異端宣言による断罪

トマスがこの論争に関して書いた著作はさきにのべた副題をもつ『知性の単一性について』であるが、その要点は、知性は万人において単一であるという主張は信仰の真理と明白に対立するがゆえに誤謬である、というのではなく、むしろ哲学の原理――理性と経験――にてらしてあきらかに誤りであること、さらにアリストテレスの真意を誤って解釈している、ということであった。すなわち、アリストテレスによると、霊魂は身体と合一することによって統一体である人間を成立させる形相であり、知性はその霊魂に属する能力なのであってみれば、知性がすべての人間においてただ一つであるという結論はけっして生じない、とトマスは論じている。知性単一説をどのように巧みな議論でもって現実の経験と結びつけようとしても、「この人間が知性認識をしている」という明白で根源的な経験的事実の前にこの説は崩壊せざるをえないのである。トマスはこれに加えて、アヴェロエス派が参照しなかったアリストテレスの他の註釈家の見解を紹介し、アヴェロエス派がアヴェロエスの註釈だけを読んで、それがすべての哲学者を代表しているかのように速断している点を批判する。トマスによるとアヴェロエスはアリストテレス主義者であるよりは、むしろ「アリストテレス哲学の歪曲者」と呼ぶのがふさわしいのである。

トマスはこの論争的著作の最後で、いわゆる「二重真理説」に言及し、自らキリスト者と呼ぶ学者たちがキリスト教信仰についてこのように不敬な仕方で語るのは大きな驚き、あるいはむしろ憤慨をさそうものである、と激しい口調で非難しているが、結びの一節はトマスにしては珍しい挑戦的な言葉である。

「以上は、前述の誤謬を破壊するために、信仰の教えからではなく、哲学者たち自身の議論や言明から集録したものである。もしだれかが偽学問を誇って、われわれがのべたことにたいして何か異をとなえようと望むのなら、町角とか、このように難しい事柄について判断するすべを知らない子供たちの前で話すのではなく、堂々とこの論文にたいする反駁を書くがよい。そうすれば、かれはとるにたりぬわたしだけではなく、他の多くの真理探求者の面前に立つことになろう。これらの人々はかれの誤謬に対抗し、あるいはその無知にたいして助言を与えるであろう。」

しかし、論敵シゲルスはトマスのこの論文によって沈黙させられたのではない。かれはただちに、『知的な霊魂について』でもってこれに応戦したのである。またアヴェロエス派にたいしてトマスが行った応答は、アヴェロエス派のみでなく（アリストテレス哲学を積極的に評価し、それから多くを学びとろうと試みた）トマスにたいしても向けられていた教会当局者（その背後にはあきらかに保守的な神学者の影があった）の嫌疑《けんぎ》を完全に晴らすことはできなかったようである。というのも、一二七〇年一二月一〇日にパリの司教エティエンヌ＝タンピエが異端であるとして断罪した一三ヵ条の命題はいずれもアヴェロエス派のもので、トマスをまきこむものではなかったが、同じタンピエ司教が一二七七年三月七日に異端として断罪した二一九ヵ条の命題のうちにはトマスに帰せられるものもふくまれていたからである。この断罪は教皇ヨハネス二一世（在位一二七六～七七。論理学者として知られるペトルス＝ヒスパーヌス）がパリ大学におけるアヴェロエス派の異端的立場について報告を求めたのにたいして、タンピエ司教が急ぎ調査した上で行ったものであった。これに呼応してオックスフォード大学を管轄下にもつカンタベリー大司教ロバート＝キルワービー（ドミニコ会員）も三〇ヵ条の命題を断罪したが、そのなかにもトマスが支持した説がふくまれていた。

このように異端宣言という形で教会当局が介入した後では、哲学や神学の論争は真理探求のための共同的な努力というよりは、正統・異端の名前をめぐる党派的な争いに変容する傾向が生じた。E＝ジルソンはこれら異端宣言は中世哲学・神学史上の画期的事件であったとして次のようにのべている。

「パリとオックスフォードにおけるこれら二つの禁令の厳粛さのゆえに、諸学派の全般的な雰囲気は一変した。哲学を、それをあらたなものにすることによって征服しようとする努力を続行するかわりに、スコラ学は防禦にまわった。まさしく、その時点においてスコラ学の黄金時代は終わったのである。」

前述したように、トマスはこの論争を通じて論敵シゲルスを説得することはできなかったが、かれに従う人文学部の若い教授たちの心服をかちえたようである。かれらは一二七二年にトマスがイタリアへもどると、ドミニコ会当局にたいして、翌年再びトマスをパリへ派遣してほしいと要請した。さらに、トマスが没したときにはその遺骸を「すべての大学町のうちで最も高貴なパリ」に埋葬する許可を求める真情あふれる書翰を「人文学部におけるすべての現役の教授」の連名でドミニコ会当局に送った。論敵グループからそれ程にも信頼され、慕われた、という事実にまさる雄弁なコメントをこの論争に関して思いつくことは困難であろう。

アウグスティヌス派との論争

トマスが支持した学説のなかで、とくにいわゆるアウグスティヌス派の攻撃にさらされたのは、(1)形相唯一性、つまり形相と質料から複合された実体、たとえば人間において、かれを物体たらしめる形相、生命体たらしめる形相、動物たらしめる形相、そして理性的存在たらしめる形相が別々に見出されるのではなく、形相は唯一つ、すなわち理性的存在たらしめる実体的形相のみであるという説、および、(2)世界が時間的始まりを持つような仕方で創造されたことは論証できない、という説の二つであった。しかし、さきにものべたように「革新者」トマスにたいする保守的神学者の疑念と批判には根深いものがあり、トマスがその神学のうちに信仰の解明や理解のために哲学的議論を導入したことは、哲学にたいする過度の譲歩であり、許し難い罪であると思われた。いいかえると、トマス自身はアウグスティヌスにおいて始められ、アンセルムスにおいて明確に定式化された「知解を求める信仰」あるいは「信仰の知解」としての神学（および「キリスト教的哲学」）の伝統を継承し、発展させようと意図していたにもかかわらず、アウグスティヌス派の眼には「トマス的革新」はアウグスティヌス的伝統からの危険な逸脱と映ったのである。

この論争におけるトマスの主な論敵は、この時期にパリ大学で神学教授をつとめ、後にカンタベリー大司教となったフランシスコ会員のジョン＝ペッカム（一二三五〜九二）であった。ペッカムがトマス哲学に関してとくに攻撃の的にしたのは形相唯一性の説であり、ペッカムによると、もしわれわれがこの学説を受けいれた場合には、たとえば十字架上のキリストの生きている身体《コルプス》は、その後墓に葬られたキリストの遺体《コルプス》と同じものではありえない（生、死にかかわりのない、物体に固有の形相を認めないがゆえに）、という不敬虔で異端的な結論を認めざるをえなくなり、問題はたんに哲学にかかわるものではなく、キリスト教信仰そのものが脅かされる、というのである。これにたいして、トマスが（実体的）形相は一つの事物（たとえば人間）についてただ一つしかありえないと主張したのは、事物が端的な意味での存在を与えられるのは実体的形相によってである、という基本的な形而上学的洞察にもとづくのであって、裏からいえば、ペッカムのように形相の多数性を主張する者は実体的形相（したがってまた端的な意味での存在）についての真の理解に到達していないのである。さらに、ペッカムが異端として攻撃する、キリストの生ける身体《コルプス》と、死せる身体《コルプス》の同一性については、端的な意味での同一性とは基体における同一性でなければならないが、キリストの生ける身体も死せる身体もその基体たる神的ペルソナは同一なのであってみれば身体《コルプス》の同一性はキリスト教信仰の核心である托身《インカルナチオ》の教義にもとづいて完全に説明できる、とトマスは答える（『神学大全』第三部第五〇問題第二、五項）。

トマスの論点

アウグスティヌス派との論争のなかでトマスは『世界の永遠性について』と題する論争的著作を書いた。この著作には、「つぶやく者どもにたいして」という副題がつけられているのが普通であり、「つぶやく者ども」とは誰なのか、それは不平を鳴らすという意味なのか、それとも不分明な語り方をするという意味なのか、さらにはトマスがこのような副題をあえてつけるにいたった心情をめぐって、色々なことがいわれてきた。しかし最近の一研究（I＝ブレイディ）によると、古い写本には（一つの例外を別とすれば）この副題がつけられていないだけでなく、内容から見てもこの副題はトマス自身の筆によるものとは思われないという。さらに、この著作はペッカムの議論にたいする応答として書かれたものであることがあきらかであるから、かりに「つぶやく者どもにたいして」という副題を受けいれた場合、その意味はトマスの見解を異端的であると非難し、不平を鳴らす、というのではなく、すでに何度も公けにされた自らの議論の論旨を明確に理解することができず、不分明な語り方をつづけるペッカムにたいするトマスのいらだち、驚き、そして憤激をあらわすものと理解すべきであろう、とこの論者はいう。

じっさいにトマスの論点は微妙ではあるが、きわめて単純であって、何ものかが神によって創造された、ということと、そのものが常に存在した（その意味で永遠である）ということの間には何の矛盾もない、ということに尽きるのである。そして、神による世界の創造（いいかえると世界がその存在において神に常に、全面的に依存すること）は理性によって論証可能であるが、神が時間において始まりを持つ世界を創造したということは啓示として信じられる事柄であって、理性によって論証しうることには属しない、というのがトマスの基本的主張であった。

ところがアウグスティヌス派の神学者たちは、神による世界の創造は啓示された真理であるが、無からの創造を承認するかぎり、この世界が始まりを持つものでなければならないことは理性によって論証できる、と主張した。たとえばボナヴェントゥラは「万物が無から造られたことを認めておいて、世界が永遠であるとか、永遠的に造られたと主張することは全く真理と理性に反する、といわなくてはならない。そしてこれはあまりにも理性に反しているので、私はいかに認識能力の乏

Tomus Primus.
D. THOMAE AQVINATIS
DOCTORIS ANGELICI
COMPLECTENS.
Vitam ipsius beati Thomae ex diversis authoribus collectam,
Expositionem in Primum & Secundum Perihermenias, et
In Primum & Secundum Posteriorum Analyticorum,
ARISTOTELIS.
Qui vero sunt integre expositi, qui vero mortis vitio imperfecti relicti,
propriis manifestum est locis.
ROMAE MDLXX.

最古のトマス全集　ローマ版

しい哲学者であってもかかることを主張した者はいないと信じる。というのもこの主張は自らのうちに明白な矛盾をふくんでいるからである」と断言している。まさしくトマスが何ら矛盾はないと主張したところに「明白な矛盾」を見てとっているわけである。トマスの側からいえば、このような相手方の強硬な見解は、実は創造を何らかの変化をふくむものであるかのように（習慣的に）思いなすことにもとづくものであり、かれらがそのような哲学的欠陥に禍いされて論点を明確に理解できないでいることにいらだたしさと驚きを覚えたとしても不思議ではない。このため、この論争的著作のなかではくりかえし皮肉ないいまわしが用いられている。

「もし（かれらが主張するように）何らかの矛盾があったとしたら、どうしてアウグスティヌスがそれを見てとらなかったのか、不思議である。……さらにまた哲学者のうちで最も高貴な者共がどうしてこの矛盾を見てとらなかったか、ということも不思議である。……それゆえ、かくも精妙にこの矛盾をみぬいたこの人々、かれらだけが人間の名にあたいし、知恵はかれらをまってはじめて生まれでるというわけである。」

では神が時間のうちに始まりを持つ世界を創造したことを、信仰の真理として固持することに関してはアウグスティヌス派の神学者と完全に一致していたトマスが、創造された永遠なる世界という概念は矛盾をふくまないこと、いいかえると世界が時間的始まりを持つことは論証不可能であることになぜそれほどまでこだわったのであろうか。この疑問にたいする答えは『神学大全』のなかで「世界に始まりがあったということは信仰箇条であるか」という問題が論じられている箇所でトマス自身によって与えられている。

「世界に始まりがあったということは信ずべきことであって、論証可能なこともしくは（学的に）知りうることではない。このことを見てとるのは次のことのために有益である――すなわち、誰かが信仰に属することを論証するのだと思いあがって、必然的ではない論拠を導入するといったことのないために。そうした（不確かな）論拠は不信の徒に、われわれはその種の論拠にもとづいて信仰に属する事柄を信じているのだと思いなして、われわれを嘲笑する材料を提供するものだからである」（第一部第四六問題第二項）。

このようにトマスが世界は神によって無から創造されたということと、世界が時間の始まりを有しないということとの間には矛盾はない、という一見微妙な論点にこだわったのは、神学のうちに哲学的議論を持ちこむことに熱心だったからではなく、むしろ神学と信仰の真理を純粋なままに保つためであった。トマスは信仰と神学を哲学の思いあがった攻撃から守るためには、最も卓越した仕方で自ら哲学しなければならないということを誰よりもよく知っていたのである。

トミズムの開花

さきに「イタリア時代の一〇年間に成熟をとげたトミズムは、パリ時代の一〇年間に一挙に開花した」とのべたが、この時期にトマスが公けにした著作のリストを一べつするだけでこの表現が誇張ではないことがわかるであろう。まず神学教授としての第一の義務である聖書講義に関しては、『ヨハネ福音書講解』および『パウロ書翰講解』がこの時期に書かれており、とくに前者は四福音書のなかでもっとも神学的含蓄に富む『ヨハネ福音書』に、教父神学やアリストテレス哲学についての研究を積み重ねたトマスが全力をあげて取り組んだ作品であり、トマス神学の頂点に位置するものといえる。次に討論に関係した著作としては正規討論集『霊魂について』『徳一般について』『枢要徳について』『愛徳について』『希望について』など、人間論にかかわる多くの討論集が書かれており、次にのべる『神学大全』第二部の執筆との結びつきが想像される。

さらに、イタリア滞在中、同じドミニコ会員であるモルベカのギレルムスによる新しい翻訳を利用することによって著しい進展を見たアリストテレス研究は、この時期も（おそらく人文学部の教授たちの要請にこたえて）おし進められ、『命題論』『分析論後書』『自然学』『霊魂論』『形而上学』『ニコマコス倫理学』『政治学』などの主要著作についての註解が次々と公けにされているのである。

アリストテレス研究とあわせて、この時期に新プラトン哲学に関する重要な研究『原因論註解』が書かれたことも付記しておくべきであろう。

しかし、「トミズムの開花」と呼ぶのに最もふさわしい著作は『神学大全』第二部、すなわち神への道をたどるかぎりでの人間の考察であろう。これだけでも日本語に訳するとA5版三〇〇〜四〇〇ページの書物十数冊の分量である。神を主題・対象とし、すべてを「神の観点の下に」考察しようとする著作のまん中に、全体の半分以上の分量を占める人間論が置かれていることの意味については さきにも触れたが、ここであらためてその内容についてのべることにしたい。

第二部はさらに総論と各論の二つの部分から構成されており、総論の最初で考察されるのは人間の究極目的（そしてそれへの到達としての至福）である。人間がこの世に生きていることの全体が一つの働き・行為であり、行為は目的との関係においてはじめて成立し、意味をもつものであってみれば、これは当然のことといえよう。ついで究極目的をめざす歩みとしての人間的行為が考察されるが、そのなかには広い意味での行為としての情念もふくまれている。行為そのものに続いて行為を生みだし、導く根源に光があてられるが、そのさい行為主体に内在する根源としての習慣《ハビトゥス》ないし徳、行為主体を超越し、いわば主体を内から動かす根源としての神（神は法によって導き、恩寵によって助ける）の順に考察が進められ、総論が閉じられる。

続く各論の大半を占めるのは徳についての詳細な考察（信仰、希望、愛など、神を直接の対象とする対神徳）と、四つの枢要な倫理徳（すなわち知慮、正義、剛毅、節制）であり、ある意味ではトマスの人間論は徳論であるといえるくらいである。つまり、徳とは意志（あるいはむしろ愛）を究極目的である神へと秩序づけるもの、いいかえると神への道にほかならないから、人間論すなわち徳論であるということは、トマスが抱いていた人間像はこの自然界に住む者としての人間ではなく、神へと旅する者としての人間であったことを意味する。各論の最後にくる約二〇の問題においては神への道を歩む人間すべてに共通の事柄ではなく、神から受けた特別の恩寵、選びとられた生活の形、わりあてられた職務などにともなういわば広い意味での職業ないし召命倫理の問題が論じられている。

神の本質を直視するとき

ところで、トマスは人間にとっての究極目的への到達、すなわち至福は神の本質を直視することである、と主張した。一見これはキリスト教神学者なら誰でも口にしそうな敬虔なきまり文句、と受けとられるかもしれない。しかし、トマスにとってこの主張はかれの生活の全体を方向づけていたものであり、かれが自らの存在をそれにコミットしていた言葉なのであるから、われわれとしてはトマスの個人的《パーソナル》な経験、思索、そして洞察がすこしでも読みとれるところまでかれの考えをたどってみたい。まずトマスは次のように論じている。

「究極的で完全な至福は、神の本質の直視のうちにしかありえない、といわなくてはならない。この点をあきらかにするためには二つのことを見てとる必要がある。

第一に、人間はまだ何か欲求すべきものや追求すべきものが残っている間は、完全に幸福ではない。第二に、どのような能力の完全性もそれの対象の（対象であるかぎりでの）本質側面《ラチオ》からして確定される。ところが、知性の対象は（アリストテレス）『霊魂論』第三巻（四三〇b二七）でいわれているごとく、「ものが何であるか」、つまり事物の本質である。したがって、知性がある事物の本質を認識するのに応じてその完全性が実現される。だから、もしある知性が何らかの結果の本質を認識して、しかもそのことを通じて原因の本質を認識できないとしたら、つまり原因についてその「何であるか」を知りえないとしたら、当の知性は端的に原因に到達しているとはいわれない――結果を通じて、原因が存在することは認識できるけれども。このように、ある人が結果を認識し、そしてそれが原因をもつことを知った場合、原因についてもその「何であるか」を知りたいとの願望が自然本性的に残るのである。そして、この願望は驚異に属するものであって、（アリストテレス）『形而上学』の冒頭でいわれているように、探求を呼びおこしてやまない。例をあげると、もしある人が日食を観察して、これは何らかの原因にもとづくものだと考えたならば、その原因は何であるかを知らないで驚異の念がわきおこり、驚異の念をいだきながら探求するであろう。そしてこの探求は、その人が原因の本質を認識するにいたるまではやむことをしらないであろう。

したがって、もし人間知性がある創造された結果の本質を認識して、神についてはただかれが存在するということだけしか認識していないならば、その完全性はまだ端的に第一原因に到達しているとはいえず、原因を探求したいとの自然本性的な願望が残っているであろう。だから、かれはまだ完全に幸福ではない。したがって、完全な幸福のためには、知性が第一原因の本質そのものに到達することが要求される。そのときに、知性は対象にたいするような仕方で神——そのうちにのみ人間の至福が存する——と合一することによって自らの完全性を手にすることになるであろう」(『神学大全』第二―一部、第三問題第八項)。

この文章を表面的に読むと、トマスはあたかも神の存在論証に続く何か高度の神学的思弁によって人間が至福なる者になる、と考えているかのような印象を受けるかもしれない。しかし、じっさいにトマスがここで試みているのは、人間をかれの自然本性、つまり知的生命において捉えた上で(この議論で「人間」と「知性」が等置されているのはそのことを示している)、この生命が究極的に完成されるのは、生命そのものである神との合一によってのみであることを示すことにほかならない。この世にあってわれわれが経験しうる最高の生命の充実感が、愛するものとの出会いであるように、人間の知的生命そのものの究極的な完成は、知性がその本来の対象と出会う——神の本質を直視する——ときに到達される、というのである。しかも、この出会いは人間の知性が愛によって探求へと燃え立たせられ、おし動かされるのでなければけっして実現されないことをトマスは強調する。「より多くの愛《カリタス》を有する者はより完全に神を見るであろう、そしてより至福な者となるであろう」(『神学大全』第一部第一二問題第六項)と語ったのも同じトマスであった。

思索への集中

究極目的・至福論に続く『神学大全』第二部の全体が、このように理解された至福へと向かってかたちづくられる、「神のかたどり」としての人間の生はいかなるものかを考察するためにささげられており、そしてこうした考察を通じて人間がその「かたどり」であるところの神の認識が追求されているわけである。しかし、どのように至福への道を詳細に考察しても、「神の本質の直視」ないし「神との合一」そのものが秘義であるかぎり、『神学大全』第二部は「未知なるものへ向かって歩み」としてある種の曖昧さと空々《そらぞら》しさをまぬかれなくなったであろう——究極の目的である神との人間の合一が具体的な現実としてわれわれに提示されているのでなかったならば。

ところで、この現実は人となった神であるキリストにおいてすでに与えられているのであって、第二部におけるトマスの論述に明確な方向と生命を与えていたのは、次の第三部の主題であるキリストにおいて神と人間とが現実に「一」であることへの信仰であったといえるであろう。しかしこの信仰を前提としながらも、信仰の知解をめざす神学においては、「学習の順序」に従って、神との合一に向かって歩む「神のかたどり」である人間についてまず考察し、そのことによってキリストという秘義を豊かに受容できるよう準備する必要がある、というのがトマスの立場であった。

ここでトマスが『神学大全』第二部の著作にいかに熱中していたかを伝える有名なエピソードを紹介しておこう。トマスはある時、フランス国王ルイ九世から食事に招待されたが、『神学大全』の執筆を理由にいちどは断った（ルイ九世は一二七〇年七月一一日に、かれの最後の旅となった十字軍遠征に出発しているので、この出来事は一二六九年春から翌年の夏までの間に起こったと推定される）。しかし修道院長の命令に従って招待に応じ、王の隣りに席を与えられた。ところが食事中、突然こぶしで食卓をたたいて、「そうだ、これでマニ教異端の結着がついた」と叫んだ。そばに坐っていた修道院長はあわててトマスをつついて、かれがどこにいるかを気付かせた。そこでトマスはわれに帰って王に非礼を謝したが、王はかえってトマスの思索への集中ぶりに感心し、すぐに筆記者を呼んでトマスの頭に浮かんだことを書きとらせたという。

一二七〇年一二月のアヴェロエス派異端宣告いらい、パリ大学人文学部は混乱におちいっていたが、七一年終わりには学長選出をめぐる分裂さわぎがこれに加わり、パリ司教による介入の試みは事態を悪化させるだけに終わり、七二年の四旬節（復活祭のまえの四〇日）にはパリ大学全体がストライキに入った。しかし、トマス自身はこの春も四旬節の任意討論、および定期討論を普段通りに行い、自分の後継者ローマのロマノ＝オルシニの教授就任式を主宰した上で、復活祭（この年は四月二四日）のあと、パリを離れた。

Ⅶ　帰郷と最後の旅

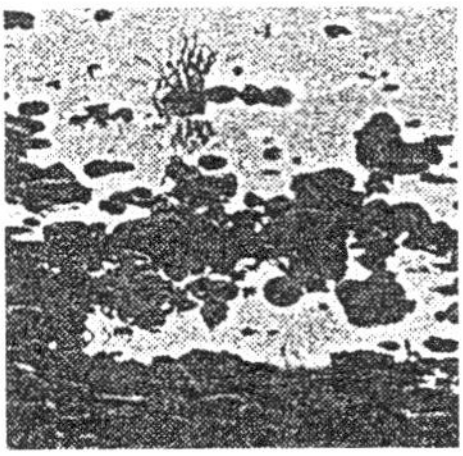

思索への没入と啓示

ナポリに向けて

一二七二年春、パリを発ったトマスは六月はじめにはフィレンツェに到着している。六月一二日からフィレンツェのサンタ＝マリア＝ノヴェラ修道院（フラ＝アンジェリコの壁画で有名なサン＝マルコ修道院はまだ建設されていなかった）で開かれたドミニコ会の総会、およびローマ管区会議に出席するためである。この総会ですでにパリ、ボローニャ、オックスフォード、ケルンに設けられていたドミニコ会の大学に加えて、ローマおよびスペイン管区に大学を新設することが決議され、管区会議はそれを受けて新しい大学の設立をトマスの手にゆだね、その場所、教授陣、学生数などの決定をすべてトマスに一任した。

トマスが新しい大学のために選んだ場所はナポリであった。その理由は色々と考えられるが、当時ローマは衰退の兆しを見せており、オルヴィエト、ヴィテルボはたんに教皇の一時的な滞在の町にすぎなかったのにたいして、ナポリはイタリアで最も強力な君主の城下町として政治的に安定し、活気にあふれ、さらにほぼ半世紀近いナポリ大学の伝統があったこと、などをあげることができよう。またトマスが若い学生時代の日々を過ごし、ドミニコ会員と最初に出会った故郷の町に特別の愛着を覚えていたこともかれの決定に影響を与えたであろう。さらに、フリードリッヒ二世が創立したナポリ大学の充実は自らの王国の権勢をたかめることにつながると考えたシャルル＝ダンジューが、ドミニコ会の新しい大学をナポリ大学神学部にあたるものと位置づけて好意を示したこともトマスの考慮に入っていたかもしれない。じっさい、『パリ大学公文書記録集』には一二七二年七月三一日、シャルル王が紛争中のパリおよびオルレアンの全教授・学生にたいして、平和で快適、かつ豊かな環境に恵まれたナポリに移って勉学にいそしむよう勧誘した書翰が収録されている。

六月の終わりにフィレンツェを出発したトマスの一行は、途中、親しい知人や親族の居城に立ち寄りながらゆっくりと旅を続け、九月半ばにナポリに到着し、サン-ドメニコ-マッジョーレ大聖堂に隣接する修道院で旅装をといた。トマスは自分を喜び迎える人々のなかに旧知の顔をいくつか見つけたが、とりわけ三十余年前に自分をドミニコ会に導き入れたサン-ジュリアーノのヨハネス修道士との再会は大きな悦びであったに違いない、と伝記者たちは記している。

ところで久しぶりに故郷に帰ったトマスは色々と親族の頼みで、自分の専門の仕事以外のことでも奔走しなければならなかった。たとえば、この年の八月二六日に死んだアクィラのロゲリウス伯爵（トマスの妹アデラシアの夫）がトマスを遺言執行人に指定したため、トマスはその居城に行って、遺言にもとづいて遺産の処分にあたった。ところが遺言のなかには故人が生前不当に取得した財産をそれぞれ正当な持ち主に返還してほしいとの条項がふくまれていたが、このデリケートな問題の処理に関しては国王の認可が必要であると判断したトマスは、カプアにいたシャルル＝ダンジューに面会して了解をとりつけた。シャルルはこのドミニコ会修道士との出会いが大いに印象的であったらしく、それ以後トマスを「親しい友人」として遇するようになったという。またトマスの姪のフランチェスカ（マエンザ城主チェッカーノ伯爵アンニバルドの夫人）も前々から病気治療のためナポリ入国を願っていたが夫が国王の不興をかっていたため許されないままであった。ところがシャルルの知遇をえた叔父のとりなしによって自由にナポリ王国内で治療を受けることができるようになったのである。

トマスの講義と説教

トマスは一二七二年九月からナポリ大学に隣接するドミニコ会修道院で講義を開始した。この講義は（同じ頃ナポリのフランシスコ会、アウグスティノ会修道院で行われていた神学の講義と同様に）ナポリ大学の学生たちにたいしても開放されていた。シャルル＝ダンジューはトマスの講義の費用にあてるため、毎年黄金一二オンスをドミニコ会修道院に支払うように命令しており、この処置はトマスの神学講義が国立大学であるナポリ大学のカリキュラムに組みこまれていたことを示している。トマスがじっさいにどのような聖書講義を行ったかはあきらかではないが、『詩編』第一－五四の講解（イタリア時代から僚友としてトマスの秘書の役割を果たしてきたピペルノのレギナルドゥスによる筆記）がこの時期の作品として残されている。討論については、この期間にも行ったとする説と、行わなかったという説が対立している。説教についていえば、トマスが一二七三年四旬節にサン‐ドメニコ‐マッジョーレで行った連続説教は一般市民の間に異常な感動を呼び、列聖のための調査会でナポリの公証人ヨハネス＝コッパが証言しているところによると、ナポリのほとんど全市民がトマスのすべての説教を聞くために集まったという。また他の証言によると、説教するときのトマスは眼を閉じ、その心は天上にあるかのような印象を与え、集まった民衆は神からの言葉を聞いているかのようなうやうやしい態度で耳をかたむけたという。次にこれらの説教のなかから、信じることの意義について語っている部分を紹介し、トマスの肉声にふれることにしたい。

「トマスの肉声」

キリスト信者にとって第一に必要なものは信仰です。信仰がなければ忠実なキリスト信者とはいえません。ところで信仰は四つのよいことを生じます。

第一は信仰によって魂が神に結びつけられることです。というのも、信仰によってキリスト信者の魂はいわば神と結婚するからです。『ホセア書』（二・二〇）に「わたしは信仰においてあなたと契りを結ぶ」とある通りです。ひとが洗礼を受けるとき、「あなたは神を信じますか」という問いに答えて第一に信仰を告白するのはこのためです。なぜなら洗礼は信仰の第一の秘跡《サクラメント》だからです。このため主は「信じて洗礼を受ける者は救われる」（『マルコ福音書』一六・一六）と語られました。信仰がなければ洗礼は何の益にもなりません。したがって、信仰なしには誰も主に受けいれられないことを知っていなければなりません。『ヘブル書』（一一・六）に「信仰がなければ神に喜ばれることはできない」とあります。また同じ理由でアウグスティヌスは『ロマ書』（一四・二三）の「信仰から出てこないものはすべて罪である」について「永遠で不可変の真理が知られていないならば、最善の道徳における徳でも偽《いつわ》りのものである」と語っています。

第二に信仰によってわれわれのうちに永遠の生命が始まるからです。というのは、永遠の生命とは神を知ることにほかならないからで、主は「永遠の生命とはかれらが唯一のまことの神を知ることである」（『ヨハネ福音書』一七・三）と語っておられます。しかし、この神の認識は信仰によってここ地上で始まりますが、つぎの世の生命において完成され、そのときわれわれは神をあるがままに知るのです。このため『ヘブル書』（一一・一）には「信仰とは希望していることがらの保証である」といわれています。だから、まず信仰によって知ることなしには誰も至福、すなわち神のまことの認識にたどりつくことはできません。『ヨハネ福音書』（二〇・二九）にも、「見ずに信じる人は幸いである」といわれています。

第三に、信仰は現在の生活を導くからです。人間が善く生きるためには、善く生きるために必要なことがらを知っていなければなりませんが、もし人間が善く生きるために必要なことがらのすべてを探求を通じて学びとらなければならないとしたら、結局それにたどりつけないか、あるいは長い時間がかかるでしょう。しかし信仰は善く生きるために必要なことをすべて教えてくれます。というのも、信仰は善い人々に報い、悪い人々を罰する唯一の神が存在すること、来世があることなどを教えるからです。こうした教えによってわれわれは十分に善へとひきつけられ、悪を避けます。『ハバクク書』(二・四)には「正しい人はその信仰によって生きる」とあります。そして、このことは次の事実にてらしてあきらかです。すなわち、キリスト到来以前の哲学者のうちだれひとりとして、どんなに努力しても、神と永遠の生命をうるのに必要なことがらについて、キリスト到来以後ならとるにたりぬ老女でも信仰で知っているほどのことを知りえなかったのです。このため『イザヤ書』(一一・九)には「主の知識は地を満たす」といわれています。

第四に、信仰はそれによってわれわれが誘惑にうちかつものだからです。『ヘブル書』(一一・三三)にも「かれらは信仰によって国々を征服した」とあります。これは次のことからしてあきらかです。すなわち、すべての誘惑は悪魔か、「世」か、「肉」からのものです。悪魔はあなたが神に従わず、神に従属しないようにと誘惑します。そしてこれは信仰によって排除されます。なぜなら、われわれは信仰によって神がすべてのものの主であること、したがってかれに従わなければならないことを知るからです。『ペテロ書㈠』(五・八)で「あなたがたの敵である悪魔が（ほえたけるししのように）食いつくすべきものを求めながら歩きまわっている。かたく信仰に立ってかれに抵抗せよ」といわれています。これにたいして「世」は幸福でひきよせるか、逆境でおびやかすことによって誘惑します。しかしわれわれはこの世よりもよりよい生があるとわれわれに信じさせる信仰によって、こうしたことにうちかちます。こうしてわれわれはこの世の幸運を軽蔑し、逆境を怖れないのです。『ヨハネ書(一)』（五・四）には「われわれの信仰、これこそ世にうちかつ勝利である」とあります。また信仰はより大きな悪、すなわち地獄があると信じることをわれわれに教えるからです。ところで「肉」はこの世のつかの間の快楽へとわれわれをひきよせることによって誘惑します。しかし信仰は、もしわれわれが道をはずれてそうした快楽に執着したら、それらによって永遠の悦楽を失うことになる、と教えます。『エフェソ書』（六・一六）には「すべてにおいて信仰の盾をとれ」とあります。

このように信仰をもつことは大いに有益であることがあきらかです。これに反対して、もし誰かが、見えないことを信じるのは愚かであり、見えないことは信ずべきではない、というならば、わたしはこう答えます。

すなわち、第一に、われわれの知性の不完全さがこうした疑念を除去する、というべきです。というのも、もし人間が完全に、自力で、見えるものと見えないもののすべてを知りうるのであったら、見えないものを信ずるのは愚かだといえるでしょう。しかしわれわれの認識は、哲学者のうちで誰ひとり、一匹のハエの本性すら完全に探求できなかったくらい、ちから弱いのです。ある哲学者はハチの本性を知るために三〇年間もひとりだけで過ごしたそうです。もしわれわれの知性がこんなにちから弱いものであるとしたら、人間が自力で知りうることのほかは神について信じることを欲しないというのは、愚かなことではないでしょうか。『ヨブ記』(三六・二六)にも「見よ、神はいと大いなる者でわたしたちには知ることができない」とあります。

第二にこう答えることができます。かりにある学者がその専門の学問について何事かを語ったのにたいして、ある田舎者が(自分には理解できないとの理由で)その学者が教える通りではないと主張したならば、その田舎者は大へん愚かだと見なされるでしょう。ところが最善の哲学者の知性が田舎者の知性を超えているよりも、天使の知性はよりはるかに最善の哲学者の知性を超えています。したがって、もし哲学者が天使の語ることを信じようと欲しなかったら愚かなことでしょうし、まして神の語ることを信じようと欲しなかったらなおさらのことです。だからこうした考えに反対して『集会書』(三・二五)には「あなたには多くのことが人々の理解を超えて示された」とあります。

第三にこう答えることができます。自分で認識する以外のことは信じたくないのであれば、たしかにこの世で生活することはできないでしょう。というのも、誰かを信じないでどうして生きていけるでしょう。たとえば、自分の父親はこれこれの人だということをどのようにして信じるというのでしょう。だから人間は自分では完全に知りえないようなことについて、誰かを信じなければならないのです。

ところが神にもまして信ずべきお方はありません。だから信仰の教えを信じない者は賢い者ではなく、愚かで高慢な者なのです。それは使徒パウロが『テモテ書㈠』（六・四）で「その人は何ひとつ悟らず、高慢である」と語っている通りです。このため、かれは『テモテ書㈡』（一・一二）で「わたしは自分の信じてきた方をよく知っており、確信している」といっています。『集会書』（二一・八）にも「あなた方、神を怖れる者、かれを信じよ」とあります。したがって、こう答えることもできます。神は信仰が教えることがらがまことであることを証明なさっているのです。もし王が自分の印鑑がおしてある書翰を送ったならば、この手紙は王の意志からではない、とあえていう者はいないでしょう。ところが聖者たちが信じ、われわれにキリストの信仰に関して伝えたことはたしかに神の印鑑つきです。つまり、単なる被造物がけっしてなしえないあの業が神の印鑑を示しているのです。それは奇跡のことで、それによってキリストは使徒や聖者たちのいうことを確証されたのです。

もしあなたが、誰も奇跡がなされるのを見てはいない、というなら、こう答えます。かつて全世界が偶像を礼拝し、キリストの信仰を迫害したことはたしかで、異教徒たちの歴史も伝えている通りです。ところがまもなく皆キリストへと回心しました。賢者、貴族、富者、権力者、それに勢力家も、キリストを宣べ伝える素朴で貧しく、いやしい人々の説教によって回心したのです。

このことは奇跡によって起こったのか、そうでないかのいずれかでしょう。もし奇跡によるのでしたら、さきの主張が肯定されます。もし奇跡によるのでなかったのなら、全世界が奇跡なしに回心させられたということよりも大いなる奇跡はありえなかった、とわたしはいいたい。だから他の説明を求める必要はないのです。

このようなわけで、誰も信仰について疑ってはならず、自分が見ていることよりも信仰に属することの方をもっと信じるべきです。なぜなら人間の視覚は欺《あざむ》かれることが可能ですが、神の知はけっして欺かれることはないからです(『使徒信経解説』序言)。

「トマスの肉声」といったが、ナポリ方言でなされたこの説教の原文の記録はなく、この訳はレギナルドゥスによるラテン語の要約筆記《レポルタチオ》にもとづくものである。しかし、そこでは平易な表現を通じて、長年探求と思索にうちこんだ神学者トマスが力強く語りかけており、トマスその人に接するのに最善の資料の一つであるといえよう。

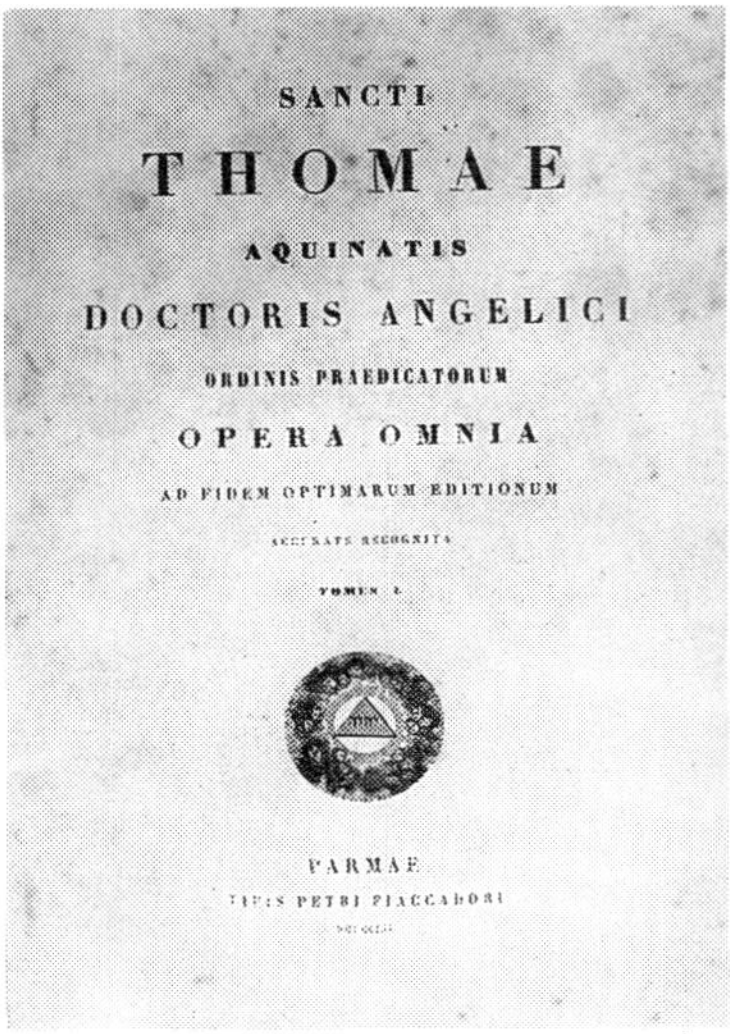
SANCTI
THOMAE
AQUINATIS
DOCTORIS ANGELICI
ORDINIS PRAEDICATORUM
OPERA OMNIA
AD FIDEM OPTIMARUM EDITIONUM
PARMAE

トマス全集　バルマ版

著作活動の継続

　トマスの著作活動はナポリに帰ってからも、それまでと同じ集中度をもって継続された。パリ時代に引き続きアリストテレス註解の仕事にうちこみ『天体論』『生成消滅論』『気象論』（いずれも未完）、そしておそらくは『形而上学』の一部についての註解もこの時期に書かれている。トマスとアリストテレス哲学との関係については様々に論じられているが、かれが若い時にアリストテレスを読んで影響を受けた、あるいは自分の体系のうちに取りいれた、といったことにとどまらず、文字通り生涯の最後まで詳細な註解を書くという仕方でアリストテレスを研究し続けた事実を見落としてはならないであろう。

　つぎにこの時期にトマスは長年の僚友レギナルドゥスに二つの著作を献呈している。一つは『神学綱要』、つまりキリスト教ハンドブックとも呼ぶべきもので、キリスト信者として生きるために欠くことのできない真理の認識、正しい目的の意図、および欲求あるいは愛の秩序を、信仰、希望、愛《カリタス》の三つの項目の下に簡潔に論じようというものである。しかし、第一部が二四六章で終わり、第二部の第一〇章「神の国に到達することは可能である」という論述を始めたところで著作は中断されている。ある写本にはトマスの死によってこの短い神学著作は未完に終わった、と記されているが、内容から推察してこの著作は比較的初期に着手されたと主張する学者もいる。

もう一つは『分離的実体について』と題する天使論であり、古代の哲学者たちが天使についてめぐらした思弁の紹介、論評（第一部）から始めて、聖書、教父たち、とくに偽ディオニシウスの著作にもとづいて天使に関するカトリック教会の教え（第二部）を包括的に論述しようと意図したものであったが、第一六章までで第一部を終わり、第二部に入ったばかりのところで（第一九章）中断されている。トマスは『神学大全』第一部の有名な天使論（第五〇～六四問題）のほか、『真理論』（第八、九問題）、『対異教徒大全』（第二部第九一～一〇一章）のなかでもかなりのページを天使の考察にあてているが、著作活動の最後の時期に天使についての包括的な論考を企てたことには特別の意味があるように思われる。

トマスはこの論考を軽妙な口調で始めている――「われわれは天使たちの群にまじって聖なる祭儀を行うことはできないのであるから、信心の時を徒《いたず》らに過ぎゆかせてはならず、むしろ（天使たちのように）竪琴《たてごと》をかなでる職務がわれわれにふりあてられていない分、熱心に書くことでうめ合せるべきであろう。」あたかも神学者（そして哲学者）トマスが休日をとって、仲間の天使たちと共にあることを楽しんでいるかのようである。そして、第一部で古代の哲学者たち、とりわけプラトンとアリストテレスの分離実体論について論評しているところを読むと、興味ある点に気付く。それはプラトン（じっさいには新プラトン哲学）にたいして著しく肯定的で、プラトンを一つの極端として批判し、アリストテレスを中道として評価する、という通常の論じ方をしていないことである。このことは、分離実体―天使という、感覚的認識ないし経験の対象とはなりえない実在に関する論考においては当然とも考えられよう。天使論はアリストテレス哲学よりはむしろプラトン哲学と親近性を有すると思われるからである。

トマスは人間的認識は感覚に起源をもつものであり、人間が現実に知的な認識・思考を行うためには常に感覚的表象へと立ち帰る必要性があること、その意味でのアリストテレス的経験主義を一貫して堅持している。しかし知性にとっての固有の対象は（感覚によって捉えられる質料的《マテリアル》なものや変化とはかかわりのない）存在《エンス》するものであり、存在するものが認識される根拠は存在《エッセ》であることを、いわば右の経験主義とのバランスを保ちながら、やはり一貫して主張している。そして、トマスの形而上学的思索が成熟するのにともなってこの後者、すなわち存在《エッセ》とのかかわりにおける知性主義がより明確な形をとってきた、といえるように思う。そして、そのような知性主義にとっては分離実体―天使論はきわめて適わしい主題であり、そのことがトマスをしてこの時期に天使についての論考に着手させた、といえるのではなかろうか。

トマスのキリスト論

トマスは自らの神学的営為の完成たるべきものとして、『神学大全』第三部キリスト論の執筆に熱意をもやしていた。かれは第三部序言でいう。

「われらが救い主、主イエス＝キリストは、天使の証言にもあるように《自分の民をかれらの罪から救わんがために》、身をもって真理の道を示し給うたがゆえに（この道を経てわれらは復活することによって不死なる生命の至福に達することができる）、神学的営為の全体を完成にもたらすために、人間的生の究極目的、徳と悪徳について考察を終えた今、万人の救い主御自身、およびかれが人類に授け給うた恵みについての考察に着手しなくてはならぬ。」

トマスがキリスト論の執筆に十分な準備をもって着手したことは、おそらくパリを発つ直前の正規討論が『托身した御言葉の合一について』という主題をめぐるものであったことにも示されている。トマスは『神学大全』第一部、第二部の執筆にさいしても、あらかじめ正規討論において問題点を徹底的に検討した上で、その成果を『神学大全』のうちにとりいれる、という方法を有効に用いているが、この場合も『托身した御言葉』における詳細な考察が、第三部第二、および第一七問題において反映されているのである。しかもトマスはたんに『討論』の成果を要約・整理して『神学大全』で再録しているのではなく、さらに厳密な検討を加え、より正確な表現を追求している。たとえば『托身した御言葉』（第四項）においてはキリストのうちに端的には一つの存在《エッセ》（主要的《プリンチパーレ》存在《エッセ》）があるが、もう一つ二次的存在《セクンダリウム・エッセ》もある、と結論しているのにたいして、『神学大全』（第一七問題第二項）においては一つのものには一つの存在しかありえない、という原則にもとづいてキリストにおいては一つの存在《エッセ》しか見出されない、と主張しているのである。これはトマスのキリスト論における問題点の一つであり、ここで詳しく立ち入ることはできないが、トマスが信仰の真理の正しい理解をめざして探求を重ねていることはあきらかであろう。

ところで『神学大全』第三部は、トマス自身序言でのべているように、救い主御自身についての考察に続いて「第二に、それによってわれわれが救いに到達する諸々の秘跡《サクラメント》、第三にわれわれがそれへとキリストを通じて、復活することによってたどりつく不死なる生命という終極」についての考察で完結されるはずであったが、じっさいには秘跡論の中途、第九〇問題第四項まで書き進めたところで、突然中断された。この時期のトマスの日課は、シチリア王国の高官カプアのバルトロメウスが後に宣誓の下に証言したところによると、次のようなものであった。毎朝、夜明けに起きて僚友レギナルドゥスに告解（罪の告白）を行い、ついでレギナルドゥスの他に信者も出席して聖ニコラウス礼拝堂（サン－ドメニコ－マッジョーレ内）でミサを捧げ、そのあとレギナルドゥスが捧げるミサのために侍者をつとめながら感謝の祈りをささげた。ミサの後はただちに講義を始め、それが終わると、食事までの時間は書いたり、口述したりするのについやした。食事が終わると午睡《ひるね》の時間まで自室で祈り、午睡のあとは再び著作に従事し（つまり、数人の筆記者に次々と口述し）、夜半まで続けた。それからただ一人、聖ニコラウス礼拝堂で長い時間祈り、朝課（午前二時）を告げる鐘が鳴ると急いで自室にもどり、他の修道士たちといっしょに起床したかのようにふるまい、朝課のあと夜明けまでしばらく睡眠をとった。……現代の伝記者のひとり（ワイスハイプル）が記しているように「トマスがこのペースをいつまでも保ち続けることができないのは明白だった」のである。

放心と落涙

トマスが思索に熱中するときに示す放心あるいは忘我は古い伝記者たちが好んで取りあげる題材であり、その一つ（ルイ九世の宴席におけるふるまい）はすでに紹介したが、ナポリ時代についても次のような話が伝えられている。

ある枢機卿《すうききよう》がシチリア王国への教皇使節として着任した直後、高名な学者トマスとの面会を希望した。そこで、トマスのもとで学んだことのあるカプアのペトルス大司教が案内してトマスを訪問したが、二人の間に席を与えられたトマスはいつまでたっても一言も発しなかった。やがて突然かれは顔を輝かせ「わかった」と叫んだ。枢機卿はこの修道士の礼儀知らずに不快感を抱き、軽蔑の念さえおこりかけていたが、大司教は「閣下、驚かないでください、かれはしばしばこうなのですから。思索にふけっている間は誰がそばにいようと話をかわすことができないのです」と説明し、トマスを激しくゆり動かして、枢機卿が面会に来ていることを告げた。トマスはわれに帰って非礼を謝したが、枢機卿も事情がわかって驚くとともに、トマスとの出会いを大いに喜んだという。この後、大司教はこの出来事を大いに面白がって、くりかえしその話をした、と伝記者は付け加えている。ここでトマスをよく知っているはずの大司教が、トマスは「しばしば」こうなのです、と語っていることに注目したい。この習慣はトマスの日常を知っている人々には周知のことだったのである。

しかし、一二七三年の春ごろからトマスの放心はたんに思索への没入にとどまるものではなくなり、現世そのものからの離脱という様相をおび始めた。この年の四旬節、一日の終わりに修道士たちがそろって唱える祈り（終課）は「いのちのさなか、はや死のなかにわれら在るなり」という言葉で始まるが、祈りが進んで『詩編』第七〇第九節の「老いの日にも見放さず、わたしに力が尽きても捨て去らないでください」という箇所にくるとトマスはきまって涙を流した、と伝えられる。さらに四旬節も終わりに近づき、御受難の主日を迎えた朝、トマスはミサの中心の部分で、キリストの聖体を会衆に示すために高くかかげたまま涙にくれて動かなくなってしまった。同席していた修道士たちは驚いてトマスに近寄り、ミサを続行するようにうながしたが、ミサの後、理由を尋ねる修道士たちにたいしてトマスは一言も答えなかったという。

さらに次の二つの話もこの頃のトマスに何が起こっていたかを示唆しているように思われる。この年の夏、トマスはパリ大学でかれの後を継いだロマノ＝オルシニに教会で出会った。喜んだトマスが歓迎の挨拶をすると、相手は自分はすでに死んだのだが、トマスの功徳のゆえにわざわざ訪れたのだ、と告げた。驚いたトマスが、やがて気をとりなおして第一に尋ねたことは、自分の仕事は神の思召にかなっているだろうか、ということであった。

もう一つは聖ニコラウス礼拝堂での有名な出来事である。トマスが毎夜半、聖ニコラウス礼拝堂にきてひとりで祈っているのを不審に思った聖器係の老修道士カセルタのドミニクスは、ある夜、いつもと同じく祈っているトマスの様子をひそかにうかがっていた。すると突然、トマスは「二キユービットほど」地上から挙げられ、そのままの姿で十字架を見つめながら涙を流していた。そのとき「トマスよ、汝はわたしについてよくぞ書いた、汝の労苦の報いとして何を望むか」という声がひびき、それにたいしてトマスが「主よ、御身のほか、いかなる報いも望みません」と答えるのが聞えたという。あきらかにトマスはそれまで同様、教授と著作に全力を傾注しつつ、自らの生涯と仕事の全体が何であったのかに思いをひそめていたようである。

「すべてわらくずのように見える」

一二七三年一二月六日、聖ニコラウスの祝日は水曜日にあたっていたが、この日の朝、トマスはいつものように聖ニコラウス礼拝堂でミサを捧げた。しかし、ミサの間に「不思議な変化を被って」（カプアのバルトロメウスの証言）、このミサの後、トマスは書くことも口述することもいっさい止めてしまった。いな、できなくなってしまったのである。この頃、トマスはキリストの聖体の秘跡についての論考（第三部第七三〜八三問題）を書き終えて、悔悛《かいしゅん》の秘跡に取りかかっていたが、第九〇問題第四項をもって永久に筆をおいた。僚友のレギナルドゥスは驚いて、著作を続行するようにしきりにすすめたが、トマスはただ、私にはできない、とくりかえすだけであった。そして最後に「レギナルドゥス、私にはできない――私がこれまで書いたものはすべてわらくずのように見えるからだ」と答えたという。

トマスはこの出来事の後しばらくして、ナポリの南、サン－セヴェリーノ城に妹テオドラ（ロゲリウス伯爵夫人）を訪問しているが、その記録によると、テオドラは兄トマスの変わりように大きな怖れと悲しみを感じたようである。彼女はレギナルドゥスに「修道士トマスがすっかりぼんやりしてしまって、ほとんどわたしに話しかけもしないのは一体どうしたのですか」と尋ね、レギナルドゥスは「福者ニコラウスの祝日いらいこの状態で、その時から何もお書きにならないのです」と答えている。この後、レギナルドゥスはトマスに向かって、なぜ執筆を拒否したのか、なぜこのようなぼんやりした状態にあるのかとつめよるが、トマスはレギナルドゥスの「慎しみを忘れた多くの詰問のあと」、自分が生きている間はけっして口外してはならぬと誓約させた上で「私が見、私に啓示された事柄にくらべると私が書いたことはすべて私にはわらくずのように見えるのだ」と答えたという。

聖ニコラウスの祝日のミサの間にトマスに啓示された事柄とは何をさしているのだろうか、またその後トマスの身に起こった異常な状態はどう説明したらよいのだろうか。現代の伝記者たちは医学的診断までふくめて様々な推察を試みているが、この啓示をミサ、もしくは聖体の秘跡と結びつけて解しているS＝タグウェルの推察には説得性があるので、それにしたがってのべることにしたい。トマスはこの出来事の数か月あとに病気が重くなるが、死の直前、聖体を授けられるにさいして、当時の慣習に従って「この聖体《ホスチア》が処女《おとめ》マリアから生まれ、十字架にかけられてわれらのために死に、復活した神のまことの御子であることを信じるか」と信仰告白を求められたとき、次のように答えたと伝えられている。「もしもこの秘跡について現世でわれらがもちうる信仰よりも大いなる知識があるとすれば、その知識をもって私は答える――この聖体がまことの神にして人であり、父なる神と処女マリアの御子であることを私は真実に信じ、確実に知っていると。」

ここでトマスが「信仰よりもより大いなる知識」といっているのは信仰の真理をめぐる神学議論ではなく、使徒パウロが「そのときには顔と顔とを合せて見ることになる」（『コリント㈠』13・12）という言葉で指示しているような直視のことであり、それが聖ニコラウスの祝日のミサ中にトマスに与えられたものだ、と解することができるのではないか。それにくらべると、それまでの著作は、探求と思索を重ねることによって刻《きざ》まれた言葉ではあっても、たんなる言葉、つまり「わらくず」に見えたのではないか。「わらくず」――それは聖書の字義的な意味を指すのに用いられたとされる――という言葉は、たしかに神という秘義を探求してやまない人間にとっての宿命を言いあらわしているように思われる。かれは測り尽くしがたい、したがって言葉に刻みがたい秘義そのものに向かって探求を進め、人間の言葉のもつあらゆる可能性をその極限まで駆使して、いわば秘義にたいして開かれた言葉、秘義へと導く言葉をつくりあげる。しかしこの探求努力がその究極の報い（すなわち秘義の直視）をかちえたとき、秘義へと導くはずの言葉（それまでの探求によって生命と力をふきこまれた言葉）が力なき、たんなる言葉、わらくずであることが知られるのである。自らの探求努力の全体が「わらくず」に変容してしまうほどの新しい光の下に立たされたトマスが呆然《ぼうぜん》と立ちすくみ「私にはできない」とくりかえすだけだったのも当然であった、といえるのではないか。

最後の旅

これより先、一二七三年の復活祭の終わり頃、トマスは翌年五月七日からリヨンで開催される予定の公会議に出席するよう、教皇グレゴリウス一〇世（在位一二七一～七六）から公式の要請を受けていた。この第一四回公会議の主要議題は東方ギリシア教会と西方ラテン教会との再合同であったため、トマスはさきに教皇ウルバヌス四世の要請で著作した『ギリシア人の誤謬を駁す』を持参するように命じられていたという。

トマスはレギナルドゥスとサレルノのヤコブス修道士をともなって、一月の終わりか、おそくとも二月のはじめにナポリを発ち、この度は病気をおしての旅行であるため馬に乗って道を北へとった。カプアからはラテン街道に入り、まもなくテアノに着き、そこで後にこの町の司教となったギレルムスとその甥ロフレドが一行に加わって次の町ボルゴヌヴォへ向かって進んでいたとき、トマスは道に突き出ていた木の枝で頭を強く打ち、ほとんど気絶して立ち上がることができなかった。レギナルドゥスが急いでかけより、けががなかったかどうか尋ねると、トマスは「大したことはない」と答えた。そこでレギナルドゥスはトマスを元気づけようとして、貴方はこれから公会議に出席して全教会、ドミニコ会、シチリア王国のために大活躍をなさるでしょうとか、ボナヴェントゥラと一緒に枢機卿の位にあげられるでしょう、などと話しかけたが、トマスは自分は今のままの身分で修道会のために一番役に立つことができるし、いつまでも今のままでいるつもりだ、と答えたという（カプアのバルトロメウスの証言）。

ボナヴェントゥラ

一行はそのまま旅を続けたが、モンテ-カシーノ、アクィノを過ぎ、おそらくロッカ-セッカ城に立ち寄った後、北に向かったトマスは衰弱と疲労がひどくなり、姪のフランチェスカの住むマエンザ城で休養することになった。記録によるとこの時すでに四旬節に入っていたとされる（この年の四旬節は二月一四日に始まっている）。食欲を失ったトマスが新鮮な鰊《にしん》なら食べられると言ったところ、たまたま魚屋が運んできた鰯《いわし》が鰊に変わっていた、という有名な奇跡物語はこのマエンザ城での出来事を記したものである。その場に居合せたモンテ-サン-ジョヴァンニのペトルス修道士は後にナポリでの列聖調査会の証人調べで、この時トマスのほか誰が鰊を食べたか、どうしてそれを鰊だと確認したのか、どのように料理したか、などについて詳しく証言した。

しかしマエンザ城にとどまっている間に病状は益々悪化し、死期が近いことを悟ったトマスは世俗の家で死を迎えることを好まず、以前から招待を受けていた近くのフォッサーノーヴァにあるシトー会の修道院に移った。現在、この修道院にはトマスがその生涯の最後の十数日を過ごしたと伝えられる客室が保存されている。この客室の大きな爐《ろ》のために、トマスを尊敬する修道士たちはわれがちに薪を運んだと伝えられる。トマスは修道士たちの要請にこたえ、かれらにたいする感謝のしるしとして旧約聖書の『雅歌』の講解を行ったとされるがその写本はまだ発見されていない。

トマスの死と列聖運動

トマスは死の三日前の日曜日に大修院長テオバルドの手から聖体を受けたが、そのときさきにのべた聖体についての信仰告白を行い、ついで次の言葉をのべた。

「わが魂の贖《あがな》いの価《あた》いにしてわが旅路の糧であるキリストよ、いまわたしはあなたを受けたてまつる。わたしが学び、夜を徹してめざめ、労苦したのはすべてあなたの愛のためであった。わたしはあなたについて説教し、あなたについて教えた。わたしはあなたに反することを知りつつ語ったことは一度もない。しかし、もしこの秘跡および他の事柄について誤って語ったり、著作したことがあったならば、すべてを聖なるローマ教会の判定にゆだね教会への従順のうちにこの生を終わります。」

トマスが息をひきとったのは一二七四年三月七日の水曜日の早朝であった。

トマスの葬儀は修道院大聖堂で行われ、テラチナの司教、ベネディクト会・ドミニコ会・フランシスコ会の修道士たち、およびカンパーニア地方の多くの領主たちが参列した。大聖堂の中央祭壇のそばにトマスの遺骸が埋葬された後、レギナルドゥス修道士は周囲にうながされて追悼の説教を行った。その内容はトマスの天使的な潔さと謙遜を追憶するもので、その学識や業績をたたえるものではなかった。長年僚友としていわばトマスの第一秘書をつとめ、トマスの口述を筆記してきたレギナルドゥスにとって――ほかのトマスと親しかった人々と同様――トマスは何よりも聖なる人だったのである。

「トマスに聖人の称号を」という運動が正式に始まったのは一二九四年、ドミニコ会のシチリア管区がローマ管区から独立した年であり、一三一六年に教皇に選ばれたヨハネス二二世は当初からトマス列聖運動に好意を示したといわれる。シチリア管区は一三一七年にトッコのギレルムス（ナポリ時代のトマスの学生）をトマス列聖運動の推進者に任命し、かれと若いベネヴェントのロベルト修道士は、それまで集積されていた資料に新しい資料、列聖請願書などを加えて、翌年夏にアヴィニヨンの教皇に申請を行った。教皇は直ちに調査を開始するように命令し、第一回の証人調べは

サン-ジャコバン教会　トマスの墓が安置されている。トゥールーズ

一三一九年七月二一日から九月一八日までナポリの大司教館で、第二回は一三二一年一一月一〇日から二〇日までフォッサ-ノーヴァのシトー会修道院で行われた。いわゆる「悪魔の代理人」が提出した列聖反対の論拠は、トマスが生前に行った奇跡の数が少ないという点であったが、教皇ヨハネス二二世は「トマスはかれが教授として解決した問題の数だけ奇跡を行ったのだ」とのべてこの反対論を斥けた、と伝えられる。このように列聖のための手続きがすべて終わり、トマスが教会の聖人であることが公式に宣言されたのは一三二三年七月一八日アヴィニヨンのノートルダム-デ-ドム教会においてであった。

おわりに——トマスと現代

これまでトマスの人と思想、その生涯と著作についてのべてきたが、ここで結びとしてトマスと現代のわれわれとのかかわりについて考えることにしたい。トマスという人物がこのように生き、世界と人間と神についてこのように考えたという事実、それはかれの没後七〇〇年以上たった今日、そしてかれとは異なった言語文化圏に生きるわれわれにとってどんな意義があるといえるのだろうか。

(1)かつてはトマスの思想・学説のうちに現代のあらゆる難問と病弊にたいする解決を見出そうとする熱烈なトマス主義者が存在した。かれらは哲学や科学の理論的問題から、教育や道徳、さらに社会改革の実践的問題にいたるまで、その解決の鍵はトマス哲学がにぎっていると確信し、その意味でトマスの現代的意義を主張した。かれらは、ローマ教皇レオ一三世が一八七九年の回勅《かいちょく》『エテルニ－パートリス』のなかで行った「カトリック教会の安寧と栄光のため、社会の福祉のため、すべての学問の進展のために、最大の熱意をもって聖トマスの黄金の英知を回復し、力のかぎり広めよ」という呼びかけに応えて、極端な形でトマス復興運動を推進したのである。しかしトマス思想を万能薬と見なすことはトマスの正しい評価ではありえないし、わたくしはこのような意味でトマスの現代的意義について語ろうとするのではない。

⑵つぎに、トマス主義哲学者のなかには、トマスが哲学の分野で成就した仕事はたんに歴史的興味の対象にとどまるものではなく、現代哲学の他の様々の学派あるいは傾向の間にあって、正当に「現代性」を要求しうるものであることを強調する人々が多い。いうまでもなく、トマスの言葉をそのままくり返すだけで現代の哲学的問題に適切に対処することができ、現代人に有効に訴えかけることができると考えるようなトマス主義哲学者はいない。その表現は思いきって「現代化」する必要があるし、内容的にもトマスの学説のいくつかのものは展開や仕上げを必要とする、とかれらは考える。しかし、世界と人間、そして神についてトマスが行った探求は、全体として、哲学の歴史のなかでそれと肩を並べうるものはごくわずかであるといえるほど包括的で徹底的なものであり、それは現代まで生きのこる生命力をそなえている。トマス哲学はたしかに「現代哲学」としての資格をそなえており、その意味でトマスには現代的意義がある、というのである。

このようなトマス思想の現代的意義は、一九世紀後半に始まったトマス復興運動の推進者たちの多くによって唱えられた。わたくし自身、トマスによる（神学と哲学をふくめての）英知の探求の包括性と徹底性を評価することにかけては人後に落ちないつもりであるが、ここで「現代哲学としてのトマス哲学」という形でトマスの現代的意義を強調するつもりはない。

(3)第三に、一三世紀ラテン-キリスト教世界においてトマスが直面し、応答した挑戦ないし課題と、現代世界においてわれわれが直面している課題との間の類似性に注目して、トマスがそこで与えた解決に現代的意義を認めることも可能であろう。一三世紀といえば、九世紀から一四世紀までのいわゆる「中世」時代を通じてローマ教皇の指導権が頂点に達した世紀であり、最も活気にあふれた時期であったが、他面、知的ないし精神的にはまさしく危機を迎えた時期でもあった。それは教父いらい受けつがれてきた信と知、あるいは神学と哲学の綜合が、あらたにイスラム世界を経て導入されたアリストテレス哲学というライバルの挑戦を受けたことにもとづく危機である。これにたいして現代の危機はいまや最終段階に達した世俗化の過程、人々の生活様式や環境に様々の急激で根元的な変化をもたらした科学・技術の発達などによってひきおこされたものであるが、その中心には新しい時代を生きるための明確な価値理念や指導原理の喪失、その意味での知的・精神的危機があることは否定できない。

たしかに現代の知的・精神的危機も、トマスの時代と同様、(究極の目的や価値にかかわる)信仰と(科学・技術的)理性との分裂によってもたらされたもの、と考えることには十分の根拠がある。その意味でトマスにおける信仰と理性の綜合の試みをふりかえることは現代のわれわれにとって示唆に富むものであるといえよう。しかし、わたくしの見るところトマスの現代的意義は別のところにあるように思われる。

(4)ところで、ある人々によるとトマスはすべての偉大な人物と同様、一方ではかれの時代を創りだすと共に、他方やはりかれも時代の子であり、様々の点でその思想はかれの時代に特有の偏《かたよ》りや狭さを免れてはいないが、かれの思想の特徴は、そこにかれが生きていた時代を超越する側面が多く見出される点にあるという。たしかにトマスはその教授・著作活動のほとんど全期間を通じて論争の渦中にあり、いわば論敵とのつばぜり合いのなかでかれの思想は形をとったともいえるほどであるが、いくつかの論争的著作を別にすれば、かれの書いたものからはトマスという個人は姿を消して、あたかも事柄それ自体が語っているかのような感じを受ける、と評される。そのような感じを「永遠的」というのは言い過ぎであろうが、「超時間的《タイムレス》」と言いあらわすことは適当であろう。そして、ある人々によるとトマスの思想は「超時間的《タイムレス》」であるがゆえに「適時的《タイムリー》」である、つまり現代的意義があるとされる。

この考え方は貴重な洞察をふくんでいる。じっさい、あることが現代的意義を有すると言われるとき、そのことが何か「超時間的」もしくは「超歴史的」価値をふくんでいなかったならば、そこで言われる現代的意義なるものは、たんに現代（それは「現代」という言葉が発せられる間にも過ぎ去りつつある）を中心に考えられた、偶然的なものにすぎないであろう。また、トマスの思想の特徴としてその「超時間的」側面をあげることにも何らかの根拠がある——もちろんトマスが「天使的」博士とあだ名されるのは、かれが天使のように「超時間的」生を生きていたという意味においてではない――といえるかもしれない。しかし、わたくしはここで右のような意味でのトマス思想の現代的意義について語ろうとするものでもない。

(5)わたくしはむしろ、トマス思想の現代的意義は、われわれが今日さまざまの問題（存在、認識などの基本的問題から正義や宗教といった実践に関する問題にいたるまで）について根本的に考えようとするにあたって、真剣に考慮にいれるべきもう一つの可能な選択肢《アルターナティブ》である、ということではないかと考える。トマス思想（哲学と神学）は、完成された作品というよりは、とどまることを知らない探求のまさしく途上にある姿を示すものであるが、それは同時に驚くべき緊密な統一と整合性を示している。そしてその全体が、今日われわれにとって自明的なものとなっている世界・人間理解とは根元的に異なっているのである。

この根元的相違についてここで詳細にのべることはできないが、たとえば存在の問題についていうと、トマスはすべての存在するものを、自らによって存在する「存在《エッセ》そのもの」つまり神と、存《エッ》在《セ》を分有することによって、つまり在らしめられて存在する被造物として捉える。このようなトマス的「創造論的」存在理解と、存在を基本的に、すべてを包括するがそれ自体としては無内容な、最も普遍的な一義的概念として捉える存在理解との間の相違は根元的であるというほかない。そしてこの後者の存在理解はあきらかにわれわれにとってほとんど自明的なものとなっている存在理解である。また認識の問題に関しても、認識を自己自身への完全な還帰という（非質料的《インマテリアル》な存在においてのみ見出される）存在の様相にもとづいて理解するトマス的な形而上学的認識観と、それを対象と認識主体の二極的関係にもとづいて理解しようとする（われわれにとって自明的な）近代的認識観との間の根元的な相違は明白であろう。

そしてわたくしがここで強調したいのは、このように根元的に異なるトマス的世界・人間理解は近代哲学によって克服され、無用なものとなり果てたのではなく、中世後期において十分に理解されないまま斥けられ、忘却された、という歴史的事実である。すなわち、右にふれた（現代のわれわれにとって自明的な）存在観は、実はトマスと同じ中世（わずか一世代後）のヨハネス＝ドゥンス＝スコトゥスによって確立されたものであり、また認識観はさらに一世代後のウィリアム＝オッカムによって最初に明確な形で理論化されたものである。このように、今日われわれの考え方に決定的な影響を与えている存在観や認識観は中世スコラ学の様々な立場のなかの一つに由来するものであり、しかもそうした立場が近代、現代思想へと受けつがれるにあたって、それ以前の長い知的・精神的伝統を優れた仕方で綜合したトマス思想はほとんど完全に忘却されたのである。

いうまでもなく、右にのべたことで、トマス思想は今日のわれわれにとってもう一つの可能な選択肢として重要な意義を有する、という主張が十分に説得的なものになったとは考えていない。簡単にいえば、近代思想はその出発点において重大な見落としをした、そしてそのなかにはトマスが成就した知的・精神的な綜合がふくまれていた、ということである。そしていま、このような見落としをもって出発した近代思想の行きづまりに直面して、もう一つの選択肢としてのトマス思想に目を向けることには何らかの意味があるといえるではないか。

あとがき

清水書院の清水幸雄氏から「人と思想シリーズ」の一冊としてトマス＝アクィナスについて書くようにお勧めを受けたのは五年ほど前のことであった。そのときすぐ頭に浮かんだのはヨゼフ＝ピーパーのユニークなトマス選集Thomas-Brevier（1956）〔直訳すれば『トマス聖務日課書』邦訳『トマス・アクィナス　言葉の鎖』ビールブセ訳、エンデルレ書店〕と対《つい》になるような選集を編んだらどうか、という考えであった。ピーパーは全部で一一四三の短い文章をトマスの数多くの著作から選びだして、それらをトマスの哲学および神学の体系が浮び上がるような仕方で配列し、トマス自身の言葉で綴《つづ》られた「トマス思想入門」を編集したのであるが、私は同じくトマス自身に語らせる仕方でかれの生涯と思想の発展をたどることができるのではないか、と考えたのである。

しかし、「まえがき」でのべたように、この試みは予想以上に困難なものであることがわかり、結果的にはここに見られるような形でトマスの人と思想を紹介することに落ち着いた。そのさい、しかしながら私はトマスその人の生の声がひびいてくるような箇所を選んで引用し、読者がひたむきに生きた一人の人間トマスを身近に感じとることができるようにする、という努力は放棄しなかった。その努力がどれだけの実を結んでいるかについての判定は読者に委ねるほかないが、私としては、（ピーパー自身、右の書物の序文でのべていることであるが）アウグスティヌスの著作はつねにここでは血の通った生身の人間が思索し記述しているとの印象を与えるが、トマスのあまりにも清澄《せいちょう》で論理的な文章はこれが果たして生きた人間の手になるものであろうか、むしろ客観的事態そのものが自らを言葉に現したのではないかと感じさせる、といった感想はかなり皮相的なものであると言いたい。トマスの文章を、かれの息づかい、胸の鼓動を聞きとることができる仕方で読むためには、ある程度の年月と習練が必要であることは確かである。しかし、そのような読み方をしないかぎり、われわれは単なる教科書を読んでいるだけで、「トマスを」読んでいるとはいえないのではないか。

本書を脱稿したのは昨秋であったが、それは私の九州大学における最後の年であった。トマスの著作は大学で卒業論文のテーマにトマス哲学を選んでいらいずっと読み続けてきたが、最もみのり豊かな、文字通り胸を躍らせるような仕方でトマスを読んだのは九州大学の大学院の演習の時間においてであった。この演習は数年間、古代哲学から教父学、近世および現代の哲学を専攻する同僚の全教官が参加する形で続けられ、その間、私は毎週数時間かなりの緊張を強いられることになった。しかし、それはまことに心楽しい、時折、鋭い発見の悦びによって彩《いろど》られる、緊張の時であった。古典的著作の読み方は様々であろうが、私はその最善の読み方の一つは、右のような大学院の共同演習という形の読み方ではないかと思う。じっさい、古典が現代において「生きる」のはこのような読み方においてである、とさえ言えるのではなかろうか。この機会に、トマスを共に読むことによって多くの啓発を与えてくださった九州大学の同僚および大学院学生の皆さんに心からの感謝の意を表したい。

本書の結びとして「トマスと現代」という表題の下に記したことは、一九九一年一〇月二四日、東北学院大学キリスト教研究所の学術講演会において「トマス思想と現代」と題して行った報告と内容的に重なるところが多い。プロテスタントの学者の間で、トマスもふくめて中世思想にたいする関心がたかまり、優れた研究が公けにされるようになったのは世界的な新しい傾向であるが、私自身、この新しい傾向が将来におけるトマス研究発展の鍵をにぎるものであると確信している。

最後に、執筆が大幅に遅れたにもかかわらず、終始筆者を暖かくはげましてくださった清水幸雄氏、本書が世に出るきっかけを作ってくださった立教大学の野呂芳男教授、編集の段階で色々とお助けいただいた清水書院の徳永隆氏、「さくいん」作製の労を引き受けてくださった東京学芸大学の荒井洋一助教授、それに原稿の浄書を手伝ってくれた妻栄子に御礼の言葉を申しのべたい。

一九九二年九月

トマス＝アクィナス年譜

西暦	年譜	参考事項
一二二五		マグナ-カルタ制定。
一六		ドミニコ会認可。
一七		第5回十字軍（～二一）。
二一		日本、承久の乱。
二四～二六	ローマとナポリの中間のアクィノ町近郊ロッカ-セッカ城に生まれる。父は騎士ランドルフォ、母はナポリのテアテ家出身のテオドラ。	
二八		第6回十字軍（～二九）。
三〇～三一	モンテ-カシーノのベネディクト会修道院に修道志願児童として送られ、初等教育を受ける。	
三五ごろ		『バラ物語』（前編）
三九	モンテ-カシーノを去り、ナポリ大学に入学。ダキアのマルティヌス、ヒベルニアのペトルスらに学ぶ。アリストテレスの著作に接する。ドミニコ会修道士との交わり始まる。	
四一		ハンザ同盟結成。
四三	父ランドルフォ没す。	
四四	ナポリ、サン-ドメニコ-マッジョーレ修道院でドミニコ会に入会。	

	ドミニコ会修道士にともなわれてパリへ向かう途上、追跡してきた兄たちに捕えられ、モンテ=サン=ジョヴァンニ城、ついでロッカ=セッカ城に監禁される。美女による誘惑事件。	
一二四五	『虚偽論』『様相命題論』を書く。 監禁をとかれ、ナポリに戻ったのち、パリに行き、正式のドミニコ会員となるために必要な修練期をすごす。	
四八	アルベルトゥス=マグヌスにしたがってケルンに移る。おそらく聖書学講師としての仕事を始める。	第7回十字軍（～五四）。
五〇～五一	司祭に叙階される。	
五二	パリ、ドミニコ会のサン=ジャック修道院で命題論集講師としての仕事を始める。 『自然の諸原理について』『有と本質について』を書く。『命題論集講解』を書き始める。	
五六	パリ大学神学部の教授（マギステル）に就任。教授団の反対で、教授としての正式の活動は不可能。 『神の礼拝と修道を攻撃する者を駁す』を書く。『ボエティウス三位一体論註解』『ボエティウス・デ・ヘブドマティブス註解』	神聖ローマ帝国、大空位時代（～七三）。
五七	ボナヴェントゥラとともに教授団に受け入れられる。 『正規討論集・真理について』『マタイ福音書講解』	
五九	6月、ヴァレンシアンヌでの修道会総会でドミニコ会の修学	

	規定の草案をつくる。『対異教徒大全』を書き始める。	
一二六〇	冬、パリ大学をやめてイタリアに帰る。	シャルトル大聖堂献堂。
六一	ドミニコ会ローマ管区の修道会顧問となる。オルヴィエトのドミニコ会修道院で教授・著作活動。同地に教皇庁をおいたウルバヌス四世の要請で『ギリシア人の誤謬を駁す』『四福音書連続講解』を書く。	
六五	ローマのサンタ-サビーナ修道院に設立されたドミニコ会神学大学の指導を委ねられる。『正規討論集・神の能力について』『ディオニシウス神名論講解』を書く。『神学大全』を書き始める。	イギリス議会の召集。
六七	クレメンス四世の教皇庁所在地ヴィテルボに転任する。翻訳家モルベカのギレルムスも同じ修道院に居住する。ギレルムスによるアリストテレスやプロクロス訳を利用して、このころより本格的に注解の仕事を始める。	
六八	秋、パリに出発。	
六九	再びパリ大学神学部教授に就任し、修道会を攻撃する勢力とラテン-アヴェロエス派、およびジョン＝ペッカムに代表される保守的な神学派との論争に従事する。『神学大全』第二部、『悪について』『霊魂について』『徳について』ほかの正規討論集、『形而上学』『自然学』『ニコマコス倫理学』『分析論後書』その他、アリストテレスの主要著作の注解を書く。	

一二七〇		第8回十字軍を率いたルイ九世没。
七一		元朝おこる（～一三六八）。
七二	春、パリ大学教授をやめ、フィレンツェをへてナポリに帰る。ナポリにドミニコ会の神学大学を創設、その指導にあたる。『神学大全』を書きつぐとともに、アリストテレス註解を続行する。	
七三	春、サン＝ドメニコ教会で一連の説教を行い、ナポリ市民に異常な感動を与える。 12・6、聖ニコラウスの祝日、いっさいの著作活動を停止する。健康を著しく害し、サン＝セヴェリーノ城の妹テオドラのもとで休養。	
七四	2月、教皇グレゴリウス一〇世の要請で、リヨンで開催される第一四回公会議に出席するため、ナポリを出発。 2月中旬、生地の近隣、姪のフランチェスカの居城マエンザ城に到着。病いが重く、死期をさとったトマスは修道院で死を迎えることを望み、近くのフォッサ＝ノーヴァにあるシトー会修道院に移される。 3・7、早朝没す。 3・9、シトー会修道院で葬儀が行われ、遺体は中央祭壇の前に埋葬される。 シトー会修道士によるトマスの遺体隠匿の工作が続く。	日本、文永の役。

一二七七	トマスの学説を含む二一九の異端的命題が3月7日にパリで、同月18日にオックスフォードで断罪される。	『バラ物語』（後編）
八一		日本、弘安の役。
九九		オスマン朝おこる。
一三〇二		フランス三部会の始まり。
一九	トマス列聖調査のための第一回証人調べがナポリで行われる。	
二一	同じく第二回証人調べがフォッサ＝ノーヴァで行われる。	ダンテ『神曲』
二三	6・18、アヴィニヨンで教皇ヨハネス二二世により、トマスは聖人の列に加えられる。	
三八		室町幕府（～一五七三）。
三九		百年戦争始まる（～一四五三）。
四八～五〇		この頃、黒死病大流行。
六八		中国に明朝成立（～一六四四）。
六九	トマスの遺骨がトゥールーズのドミニコ会修道院に移される。	

参考文献

●著作の邦訳

『神学大全』

① 全訳 高田三郎ほか訳（全36巻で完結予定。現在第一部一〜八、第二部一一、一三〜一六、一八、一九、二三分冊既刊） 創文社 一九六〇〜

② 高桑純夫訳（第一部八四問題一〜二項。「カトリック」11巻4号） 一九三一

③ 国分敬治訳（第一部七五〜八九問題） 大翠書院 一九四八〜四九

④ 稲垣良典訳（第二—一部九〇〜九七問題） 有斐閣 一九五八

⑤ 今道友信訳（第一部八三問題） 筑摩書房 一九六四

⑥ 服部英次郎訳（第一部一、一三、一六、一七、八二、八三、第二—一部九〇〜九七問題） 河出書房新社 一九六五

⑦ 山田晶訳（第一部一〜二六問題） 中央公論社 一九七五

⑧ 上田辰之助訳（第二—二部三一、五八［第一一項］、六一［第一〜三項］、六二［第一項］、六六、七七、七八、一一七〜一一九問題。『聖トマス経済学』） 臨川書店 一九七八

『対異教徒大全』

① 酒井瞭吉訳（第一巻のみ。『神存す——異教徒に与うる大要』） 中央出版社 一九四四

② 上田辰之助訳（第三巻一二九、一三一〜一三六章。『聖トマス経済学』） 臨川書店 一九七八

『有と本質について』

① 高桑純夫訳（『形而上学叙説』） 岩波書店 一九三五

② プリオット、日下昭夫訳（『有と本質について』） 聖トマス学院 一九五五

③ 服部英次郎訳（『存在と本質について』）――河出書房新社 一九六五

『自然の原理について』
服部英次郎訳（『自然の原理について』）――河出書房新社 一九六五

『売買について』
上田辰之助訳（『掛け売買について』）――臨川書店 一九七八

『王制論』
上田辰之助訳（『キプルス王に上り「君主の統治」を論ずるの書』）――臨川書店 一九七八

『ユダヤ人の統治について』
上田辰之助訳（『ブラバント女公に上り「猶太人の統治」を論ずるの書』）――臨川書店 一九七八

『原因論註解』
プリオット、大鹿一正訳（『原因論註解』）――聖トマス学院 一九六七

『使徒信経註解』
国分敬治訳（『キリスト教の信仰』）――甲鳥書林 一九五五

『定期討論集・真理について』

花井一典訳（『真理論』第一問題のみ。『ペトルス＝ロンバルドゥス命題論集講解』第一巻第一九区分、第一問題を含む）――哲学書房 一九九〇

右にあげたもののほか、トマス語録として次のものがある。
ピーパー編 ビールブセ著『トマス・アクィナス 言葉の鎖』――エンデルレ書店 一九六〇

●歴史的背景について

ルゴフ『中世の知識人――アベラールからエラスムス』 柏木英彦・三上朝造訳――岩波書店 一九七七

マレンボン『後期中世の哲学』加藤雅人訳――勁草書房　一九八九
F.Van Steenberghen, *La Philosophie au* XIIIe, Louvain, Public. Univ.,1966

●生涯と著作について

山内清海『聖トマス・アクィナス研究入門』――中央出版社　一九六九
稲垣良典『トマス・アクィナス』（「人類の知的遺産」20）――講談社　一九七九
A.Walz, *Saint Thomas Aquinas. A Biographical Study*, trans. S. Bullough, Newman Press, 1954
M.-D. Chenu, *Introduction à l'étude de Saint Thomas d'Aquin*, J. Vrin, 3eéd., 1974
J. A. Weisheipl, *Friar Thomas d'Aquino. His Life, Thought, and Work*, Doubleday, 1974

●人物像について

ライサ＝マリタン『学校の天使』木村太郎訳――エンデルレ書店　一九五三
グラープマン『聖トマス・アクィナス――その思想と生涯』高桑純夫訳――長崎書店　一九五九
チェスタートン『聖トマス・アクィナス』中野記偉訳――中央出版社　一九六九
J. Maritain, *Le Docteur Angélique*, Desclée De Brouwer, 1930
A.-D. Sertillanges, *Saint Thomas d'Aquin* Flammarion, 1931
St. M. Gillet, *Thomas d'Aquin*, Dunod, 1949
Josef Pieper, *Hinführung zu Thomas von Aquin*, Kösel, 1958
V. J. Bourke, *Aquinas' search for Wisdom*, Bruce, 1965

●哲学について

印具徹『トマス・アクィナス』（人と思想シリーズ）――日本キリスト教出版部　一九六二

コプルストン『トマス・アクィナス』稲垣良典訳 —— 上智大学出版部 一九六八
稲垣良典『トマス・アクィナス』(「思想学説全書」16) —— 勁草書房 一九七九
A. -D. Sertillanges, *Les grandes thèses de la philosophie thomiste*, Bloud & Gay, 1928, Id., *La philosophie de saint Thomas d'Aquin*, 2 vol., Alcan, 5e éd., 1940
E. Gilson, *Le thomisme*, Vrin, 6e éd., 1972
A. Kenny, *Aquinas*, Oxford, 1980

●研究書

沢田和夫『トマス・アクィナス研究——法と倫理と宗教的現実』 —— 南窓社 一九六九
松本正夫『存在論の諸問題——スコラ哲学研究』 —— 岩波書店 一九七〇
稲垣良典『トマス・アクィナス哲学の研究』 —— 創文社 一九七〇
松本正夫、門脇佳吉、リーゼンフーバー編『トマス・アクィナス研究』 —— 創文社 一九七五
山田晶『トマス・アクィナスの《エッセ》研究』 —— 創文社 一九七八
山田晶『在りて在る者』 —— 創文社 一九七九
山田晶『トマス・アクィナスの《レス》研究』 —— 創文社 一九八六
上田辰之助『トマス・アクィナス研究』(「上田辰之助著作集」2) —— みすず書房 一九八七
リーゼンフーバー『中世における自由と超越——人間論と形而上学の接点を求めて』 —— 創文社 一九八九
稲垣良典「超越と類比——現代トミズムの問題」(『岩波講座・哲学』2) —— 岩波書店 一九六八
D. B. Burrell, *Aquinas : God and Action*, University of Notre Dame Press, 1979.
J. de Finance, *Etre et agir dans la philosophie de saint Thomas.*, Beauchesne, 1945.
L. Elders, *Autour de Saint Thomas d'Aquin*, 2 vols., Tabor, 1987.
C. Fabro, *Participation et causalité selon saint Thomas d'Aquin*, Louvain, Public. Univ., 1961.

L. -B. Geiger, *La Participation dans la philosophie de S. Thomas d'Aquin,* 2e éd., J. Vrin, 1953.

E. Gilson, *Saint Thomas d'Aquin,* coll. (Les moralistes chrétiens), Gabalda, 1925.

M. D. Jordan, *Ordering Wisdom. The Hierarchy of Philosophical Discourses in Aquinas,* University of Notre Dame Press, 1986.

A. Forest, *La structure métaphysique du concret selon saint Thomas d'Aquin,* Vrin, 2e ed., 1956.

W. Kluxen, *Philosophische Ethik bei Thomas von Aquin,* Matthias Grünewald Verlag, 1964.

J. Leclercq, *La philosophie morale de saint Thomas devant la pensée contemporaine,* Louvain, Public. Univ., 1955.

J. Legrand, *L'univers et l'homme dans la phiosophie de saint Thomas,* 2 vol., Desclée De Brower, 1946.

Th. Litt, *Les corps célestes dans l'univers de saint Thomas d'Aquin,* Louvain, Public. Univ., 1963.

B. Lonergan, *Verbum : Word and Ideas in Aquinas,* University of Notre Dame Press, 1967.

F. Marty, *La Perfection de l'homme selon saint Thomas d'Aquin,* Rome, Univ. Grégorienne, 1962.

J. Owens, *St. Thomas Aquinas on the Existence of God,* State University of New York Press, 1980.

J. Peghaire, *Intellectus et Ratio selon Saint Thomas d'Aquin,* J.Vrin, 1936.

K. Rahner, *Geist in Welt. Zur Metaphysik der Endlichen Erkenntnis bei Thomas von Aquin,* Kösel, 1957.

K. Riesenhuber, *Die Transzendenz der Freiheit zum Guten. Der wille in der Anthropologie und Metaphysik des Thomas von Aquin,* Berchmanskolleg Verlag, 1971.

P. Rousselot, *L'intellectualisme de saint Thomas,* Beauchesne, 3e éd., 1946.

M. Seckler, *Das Heil in der Geschichte : Geschichts-theologisches Denken bei Thomas von Aquin,* Kösel, 1946.

A-D. Sertillanges, *La philosophie morale de saint Thomas d'Aquin,* Alcan, 1916.
F. Van Steenberghen, *Le Problème de l'existence de Dieu dans les écrits de saint Thomas d'Aquin,* Louvain-la-Neuve, Ed. de l'Institut Sup. de Philos,. 1980.
J.F. Wippel, *Metaphysical Themas in Thomas Aquinas,* The Catholic University of America Press, 1984.

さくいん

【人　名】

【事　項】

トマス=アクィナス■人と思想114　　定価はカバーに表示

1992年11月20日　第1刷発行©
2016年7月25日　新装版第1刷発行©

・著　者 ……………………………… 稲垣《いながき》　良典《りょうすけ》
・発行者 ……………………………… 渡部　哲治
・印刷所 ……………………………… 図書印刷株式会社
・発行所 ……………………………… 株式会社　清水書院

〒102-0072　東京都千代田区飯田橋3-11-6
Tel・03(5213)7151～7
振替口座・00130-3-5283
http://www.shimizushoin.co.jp

検印省略
落丁本・乱丁本は
おとりかえします。

本書の無断複写は著作権法上での例外を除き禁じられています。複写される場合は，そのつど事前に，㈳出版者著作権管理機構（電話 03-3513-6969, FAX03-3513-6979, e-mail:info@jcopy.or.jp）の許諾を得てください。

CenturyBooks

Printed in Japan
ISBN978-4-389-42114-4

CenturyBooks

清水書院の〝センチュリーブックス〟発刊のことば

近年の科学技術の発達は、まことに目覚ましいものがあります。月世界への旅行も、近い将来のこととして、夢ではなくなりました。しかし、一方、人間性は疎外され、文化も、商品化されようとしていることも、否定できません。

いま、人間性の回復をはかり、先人の遺した偉大な文化を継承して、高貴な精神の城を守り、明日への創造に資することは、今世紀に生きる私たちの、重大な責務であると信じます。

私たちがここに、「センチュリーブックス」を刊行いたしますのは、人間形成期にある学生・生徒の諸君、職場にある若い世代に精神の糧を提供し、この責任の一端を果たしたいためであります。

ここに読者諸氏の豊かな人間性を讃えつつご愛読を願います。

一九六七年

清水 梯山

SHIMIZU SHOIN